巴蜀文化资源开发实务

主编 李佳
副主编 李永红 赵紫芸 李腾
编委 黄秋芬 温丽 唐溪若
     杨莉 朱琳

图书在版编目（CIP）数据

巴蜀文化资源开发实务 / 李佳主编. —成都：西南交通大学出版社，2023.3
ISBN 978-7-5643-9204-8

Ⅰ.①巴… Ⅱ.①李… Ⅲ.①巴蜀文化－文化产业－产业发展－高等职业教育－教材 Ⅳ.①G127.71

中国国家版本馆 CIP 数据核字（2023）第 043913 号

Bashu Wenhua Ziyuan Kaifa Shiwu
巴蜀文化资源开发实务
主编 李 佳

责 任 编 辑	周媛媛
封 面 设 计	墨创文化
出 版 发 行	西南交通大学出版社 （四川省成都市金牛区二环路北一段 111 号 西南交通大学创新大厦 21 楼）
发行部电话	028-87600564　028-87600533
邮 政 编 码	610031
网　　　址	http://www.xnjdcbs.com
印　　　刷	四川玖艺呈现印刷有限公司
成 品 尺 寸	170 mm × 240 mm
印　　　张	10.75
字　　　数	158 千
版　　　次	2023 年 3 月第 1 版
印　　　次	2023 年 3 月第 1 次
书　　　号	ISBN 978-7-5643-9204-8
定　　　价	48.00 元

课件咨询电话：028-81435775
图书如有印装质量问题　本社负责退换
版权所有　盗版必究　举报电话：028-87600562

前言

　　三星堆考古取得的重大进展进一步印证了巴蜀大地是中华民族的又一摇篮，是人类文明的发祥地之一。巴蜀文化源远流长，已有5 000余年发展历史，在中国上古三大文化体系中占有重要地位，共同构成了辉煌灿烂的中华文明。多民族聚居形成的风俗百态，使其具有开放包容、忠勇信义、崇教尚文、尊经贵道等特点。巴蜀地区是西南丝绸之路的出发点和主经之地，自古与西南各族和南亚各国保持着密切交往，其文化影响了西南各族乃至南亚诸国，并冲破了自身的地域特色进而具有国际文化交流意义。在见人见物见生活的非遗项目传承、创新与发展的理念指引下，将传统美学精神与现代审美相连接，将传统工艺与现代新技术相融合，将传统工匠精神与现代学徒相映照，将传统文化与世界文化相融通，巴蜀文化的教育普及传承创新有十分重要的价值和意义。本教材针对高职院校文化艺术类相关专业，也适用于巴蜀文化知识普及和国际交流、中华优秀传统文化的海外输出；可作为相关专业课的用书，还可以作为巴蜀文化资源传承与创新实践的普及推广教材。

本教材对接新时期文化产业专业类人才培养需求，在保证知识的系统性、完整性的基础上，使内容更灵活、更实用，操作性、实践性强，力图打造具有时代特色和地域特色的新型教材。其以巴蜀地区优秀传统文化为内涵，以项目为纲，将极具代表性的文化、非物质文化遗产项目囊括其中，以经典开发案例为突破口，进行分析，结合职业岗位和专业特色，开展实操练习。每个模块由学习指导、学习目标、案例导读（案例解析）、案例思考、知识讲解、项目实训、学习测评构成。全书共8个模块，分别是文化资源开发概述、古巴蜀文明探秘、仪式看巴蜀、舌尖品巴蜀、指尖造巴蜀、笔尖传巴蜀、口头颂巴蜀、梨园演巴蜀。李佳负责拟订提纲、编写体例和样章，以及全书的统稿、审稿、修订工作；李永红、赵紫芸、李腾负责主要项目内容编辑工作；黄秋芬、温丽参与部分项目内容编写，唐溪若参与部分案例整理，李腾负责全书的手绘设计工作。

本教材的具体特色如下：

第一，教材编排聚焦立德树人根本任务，外化于行、内化于心，为当代青年立根铸魂。每个模块都营造出良好的以德育人、以文化人的人文环境。进行课程思政顶层设计，不断丰富思政案例形式，使得学生通过学习受到中国美学精神熏陶，使其具有较好的人文素养和审美鉴赏能力；在习得优秀传统文化的同时受到大国工匠精神的感召，使其习得良好的劳动精神和职业素养；通过真实案例和专业知识融合实训的不断演练，呼唤其肩负乡村振兴的使命感，促进其职业能力的发展。

第二，本教材解决了理实一体，传统文化融入专业教育教材匮乏的问题。编写立足于区域优秀传统文化，探索新知识、新技术、新工艺、新标准融入课程建设的新途径。为当代大学生树立文化自信、增强文化认同感、传承巴蜀文化之美提供了新的视角。为实施中华优秀传统文化传承发展工程，践行中华传统文化创造性转化、创新性发展，助力治蜀兴川再上新台阶、成渝双经济圈建设提供了智力支持和人才输出保障。

第三，本教材以具体项目为主线，贯彻体现了"以学生为主体"的育人理念、"教、学、做"一体化教育理念，以"看、想、学、练、思"为编写架构，适用于职业类型化教育。让具有地域特色的传统文化真正融入专业教育，培养既了解和热爱巴蜀文化，同时也能进行巴蜀文化的资源挖掘、文化创意设计、传统手工艺传承与创新、课程资源开发等的复合型技能型人才。

第四，本教材以产教融合为出发点，匠师集力，深化校企合作。编写团队由企业方、工艺美术大师、新生代传承人、高校教师共同担任，并引入企业真实生产工艺流程和具体项目实践、企业真实案例，实现教材内容与企业生产实践同向同行，符合企业行业发展实际需求。

本教材的编写受到四川文化产业职业学院，成都杨莉尔倩漆艺有限公司、国家级工艺美术大师成都漆艺传承人杨莉老师，成都刘氏竹编有限公司、新生代传承人朱琳女士的指导与支持，是四川省社会科学重点研究基地美学与美育研究中心项目"传统文化育人视域下高职院校美育课程建设路径研究"、四川文化产业发展研究中心项目"区域文化融入地方高职院校文化创意人才培养范式研究——以四川文化产业职业学院为例"、四川文化产业职业学院高教研究所重点建设项目"成都在地文化融入地方高职院校课程改革研究——以四川文化产业职业学院为例"的实践教学成果。本教材教学内容及课时安排建议如下：

教学内容及课时安排

模块课时	课程性质	项目	教学建议
模块一	理论+实践	文化资源开发概述	理论2学时 实践4学时
模块二		古巴蜀文明探秘	理论2学时 实践4学时
模块三		仪式看巴蜀	理论2学时 实践4学时
模块四		舌尖品巴蜀	理论2学时 实践4学时
模块五		指尖造巴蜀	理论2学时 实践4学时
模块六		笔尖传巴蜀	理论2学时 实践4学时
模块七		口头颂巴蜀	理论2学时 实践4学时
模块八		梨园演巴蜀	理论2学时 实践4学时

注：各院校可根据自身的教学特色和教学计划对课程时数进行调整。

本教材虽经多次修改，但由于编者水平有限，书中难免有疏漏和不足之处，敬请批评指正，以臻完善。

编 者

2022 年 6 月

目 录

模块一　文化资源开发概述

- 002　案例导读
- 002　　案例1：绵阳方特东方神画
- 004　　案例2：崇州道明竹艺村
- 007　　案例3：大邑安仁——华侨城打造博物馆小镇
- 009　案例思考
- 010　知识讲解
- 016　项目实训
- 017　学习测评

模块二　古巴蜀文明探秘

- 020　案例导读
- 020　　案例1：三星堆营销推广活动
- 021　　案例2：金沙文创月饼礼盒
- 023　案例思考
- 023　知识讲解
- 035　项目实训
- 036　学习测评

模块三 仪式看巴蜀

- 040 案例导读
  - 040 案例1：阆中春节文化活动
  - 041 案例2：大足区二十四节气传统民俗文化活动
  - 043 案例3："幸福羌年吉祥理县"2020羌历年庆祝活动
  - 046 案例4：2021都江堰放水节
- 047 案例思考
- 047 知识讲解
- 056 项目实训
- 058 学习测评

模块四 舌尖品巴蜀

- 061 案例导读
  - 061 案例1：沱牌舍得启动诗酒文化战略
  - 062 案例2：走进川菜博物馆 品巴蜀文化
  - 063 案例3：成都茶文化
  - 064 案例4：麟凤村以茶产业为基础 大力发展乡村旅游业
- 065 案例思考
- 066 知识讲解
- 074 项目实训
- 076 学习测评

模块五 指尖造巴蜀

- 078 案例导读

078	案例1：成都漆器进课堂
078	案例2：当糖画遇上三星堆
079	案例3：道明竹编助力乡村振兴
081	案例思考
081	知识讲解
097	项目实训
098	学习测评

模块六　笔尖传巴蜀

103	案例导读
103	案例1：青莲李白诗歌小镇迎春灯会
105	案例2：眉山"东坡印象·水街"
106	案例思考
107	知识讲解
117	项目实训
118	学习测评

模块七　口头颂巴蜀

121	案例导读
121	案例1：当三星堆文物遇上四川话
122	案例2：四川方言小镇
124	案例3：汶川打造"大禹故里"
125	案例思考
125	知识讲解

| 136 | 项目实训 |
| 137 | 学习测评 |

模块八　梨园演巴蜀

140	案例导读
140	案例1：王皮影与法国合拍《消失的影子》
141	案例2：王皮影与时俱进，剧目革新——动感迪斯科、消防皮影
143	案例3：川北大木偶与文旅产业：峨眉山上演"圣象峨眉"
145	案例4：川北大木偶走向国际
148	案例思考
148	知识讲解
157	项目实训
159	学习测评

| 160 | **参考文献** |

模块一 文化资源开发概述

■ **学习指导**

巴蜀文化资源丰富多彩、异彩纷呈，文化资源的挖掘、开发、转化、利用是文创产业的基础和核心要素，要形成作品—产品—商品的转化，我们首先要了解文化资源的基本概念、类型和文化资源开发的几种主要模式，进而可以深入开展调研分析，运用于具体实践之中。

■ **学习目标**

（1）了解文化资源的基本概念。
（2）掌握文化资源的基本概念、分类。
（3）掌握文化创意产业开发的几种模式。
（4）能对具体文化资源开发项目进行调研与分析。

■ 案例导读

案例1：绵阳方特东方神画

绵阳方特东方神画是一个以五千年华夏文明为主题、融入四川当地历史文化元素的大型高科技主题乐园。该乐园由中国最大的连锁主题乐园运营商华强方特建设运营，绵阳方特东方神画是四川境内的首个方特主题乐园，集合"方特东方神画"的经典项目和技术优势，将神话传说、历史典故、民俗风情和巴蜀文化等多种特色融为一体，通过深度创意和全新演绎，将中国五千年历史文化精粹与现代旅游产业结合，以参与、体验、互动的方式展开了一幅华夏五千年历史文明精粹的灿烂画卷。

方特东方神画园区精心打造了45项室内外高科技文化体验项目，包含11项方特独家沉浸式体验项目和34项室外主题游乐项目。

图1-1 方特旅游App游览地图

"女娲补天"是乐园最值得体验的游乐项目。项目故事情节取材于上古神话中关于女娲的经典传说，借助巨型环幕、动感游览车和立体VR光学影像等技术，让乘客化身为探险队员，跟随女娲踏上守护五彩神石的惊险旅程，一路披荆斩棘、勇斗各路敌人，最终帮助女娲完成补天重任。

"神画"是大型室内轨道游览项目，游客在座舱中跟随"神笔"进入中国传统绘画的世界，历朝历代名画中的场景跃然眼前。最精彩的部分要数最后的《飞越千里江山》，游客可以全身心融入实景山水中，感受青山绿水的美妙意境与磅礴气势。

"九州神韵"是超级巨幕立体影院项目，项目配备 1000 平方米的超级巨幕和 3D 眼镜，呈现华夏文明发展的关键节点和经典瞬间：从远古的涿鹿之战，到烽烟四起的春秋战国，到开元盛世的大唐，再到新中国的崛起……使人仿佛置身于浩瀚的历史长河之中，俯瞰壮丽的中国史诗。

"孟姜女"是大型舞台真人秀表演项目，曾斩获国际游乐园及游艺设施协会（IAAPA）颁发的"铜环奖·最激动人心奖"，这一奖项被誉为游乐界的奥斯卡奖，该项目也在绵阳方特东方神画中以全新方式得到呈现。演员们的生动表演与高科技的舞台效果实现了完美结合，将孟姜女思夫、寻夫到哭崩长城的故事进行了还原和再创作，为游客带来一场气势磅礴、震撼人心的视听盛宴。此外《水漫金山》《梁祝》等民间故事也通过剧场化的情景演绎得以呈现。

【案例解析】

绵阳方特东方神画并非个案，方特主题乐园近几年致力于打造中国式的主题乐园，提出了以中华文化为主要内容的"美丽中国三部曲"，包含"华夏历史文明传承主题园""复兴之路爱国主义教育基地""明日中国主题园"三大主题园区，绵阳方特属于第一部曲"华夏历史文明传承主题园"，在芜湖、济南、宁波、厦门等城市也都运营着名为"方特东方神画"的主题园区。为了发展壮大中华文化的主题乐园，方特依托品牌优势，深挖中国文化精粹，利用科技创新，讲好中国故事，走出了"文化+科技"的道路。

方特品牌优势：华强方特是国内从主题乐园创意设计、研究开发、内容制作、施工建设到市场运营全产业链运营的企业，也是具有成套设计、制造、出口大型文化科技主题乐园的企业。方特系列主题乐园品牌包含了 8 个有完全自主知识产权的主题乐园，且已在全国各地建成 20 余座主题乐园，此外，方特还拥有国民 IP "熊出没"，依托于"创研产销"一体化全产业链，持续拓展上下游产业链，实现"动漫+文旅"产业融合。

深挖地方文化：绵阳江油市有许多与哪吒传说相印证的地名和遗迹，被称为"哪吒故里"。方特在神话故事的基础上加入新的内容和科技元素，形成了"哪吒闹海"项目，游客将搭乘方舟，和哪吒并肩潜入海底神话世界，勇闯东海龙宫，大战四海龙王，最终平息水患。极度真实的MR影像配合动感十足的真实环境，以沉浸式强互动的形式展示中国文化，令游客身临其境。

创新科技赋能：方特拥有当今世界规模最大的全息AR Theater表演项目《千古蝶恋》、全球最大的4D巨幕项目《纵横华夏》、国际一流的VR Soaring项目《飞越极限》、大型动感魔幻巨制MR-Ride项目《女娲补天》等众多主题项目，成功领跑国内VR主题乐园。绵阳方特东方神画综合运用动态球幕飞行影院、全景式AR、综合立体轨道、5D动感特效、程控魔砖等领先科技，融合真人演绎等多种表现手法，为游客带来全感官的游览体验。

案例2：崇州道明竹艺村

崇州道明镇是中国非物质文化遗产竹编所在地，拥有两千年的竹编技艺传承和发展历史。近年来，竹编小镇充分挖掘文旅要素，围绕竹编技艺，发挥川西林盘特有的地理特征，打造道明非遗竹编产业品牌，推动道明竹文化及林盘文化的推广和传承，建设成集文创、休闲、娱乐、体验为一体的乡村文化旅游社区，打响了具有"竹编韵、天府味、国际范"的新中式林盘新名片，成为成都周边游的"网红打卡地"。

图1-2 道明竹艺村一景

道明竹艺村有非遗传承人5位，竹编大户3户，竹编从业人员50余人。

五年前，竹艺村的基本业态以传统农业生产为主，竹制品加工为辅，竹艺村竹编产业也主要依靠合作社。当地虽然有精湛的竹编手工艺，但设计和创新理念有所不足，要想实现产业的升级，还需引进创意、艺术、设计类人才进入竹艺村。2018年以后，竹艺村增加了竹编售卖、农副产品销售、房屋租赁、文创产品、民宿酒店及其他业态，开始了多元业态融合发展。随后，竹艺村搭建了"国有企业+集体经济组织+农户"发展模式，采取"1家企业（资金）+8位传承人（技术）"双轮驱动发展。四川道明竹艺产业发展有限公司统筹区域内合作非遗传承人30余人和竹编艺人及产业工人500余人，围绕"道明竹编"非遗技艺，以共享工厂为载体，利用公司专业化设计及市场化运营推广优势，推动道明的农商文旅体融合发展，涉及装饰装修、景观装置、创意家居、文创周边、非遗研学等业务。

发展至今，道明竹艺村已经完成了多元业态的初步布局。建成了竹里乡村度假酒店、竹里、丁知竹、诚姓农家、归野民俗、景观菜田、青旅无间、山水农家小院、花香别苑、竹艺苑、高岸国际工作营、第五空间、一方居茶室、红萍竹编、见外美术馆、孝义之家、百年老茶馆竹艺客栈、竹编艺术坊、三径书院、回味舍、游客服务中心、来去酒馆、遵生书院等竹艺小院。

【案例解析】

道明竹艺村是成都首批非遗小镇、第一批天府旅游名村，依托于国家级非遗项目道明竹编。该村创下了创收超过1.3亿元，"卖竹编"卖出了近3600万元，接待游客62.2万人次，旅游综合收入1.9亿元的成绩。围绕竹编品牌进行文旅开发，道明竹艺村带给我们不少启示：

一是人才结构多元化。竹艺村首先做了新村民招募计划，吸引外来业主和从业人员加入道明竹艺村，启动海外艺术家驻留计划，吸引中国青年诗人马嘶、传统生活美学践行者冯玮、旅法艺术家刘伟福、合达联行创始人游江等新村民及来去酒馆、青旅无间、归野民宿等乡村品牌。同时积极培养后继人才，聘请有资历、有经验的老艺人作为讲师，对年轻一代开展培训工作。以"名师带徒"

"团队带散户"等形式吸纳本地贫困户、家庭妇女、竹编爱好者、产业从业者进行深度竹编技能培训,奠定了道明竹产品标准化和职业化的标准。同时还定期组织竹编传承人、手艺人及合作社成员外出参观学习。

二是加强文旅文创开发。竹艺村与中央美术学院共建四川成都传统工艺工作站,通过与高校合作开发符合当下审美的竹编生活用品,将竹编运用到了更多场景,比如建筑、家居、饰品、包包、户外装置等,发展竹编装饰市场、竹文创设计、竹文化研学等竹创意产业。此外,加强竹编户外艺术装置的开发和创新,通过户外装置展示竹编品牌和城市形象。村集体还与崇州中业文旅合作,成立了土地股份合作社、竹编合作社、旅游合作社三个集体经济组织,将村里闲置土地资源统一收储作为旅游资源,交由中业文旅进行整体规划,增加租金创收途径。积极调用区域内的原住民资源,集结了本地竹编手工艺人,协助村民通过竹编创收致富,鼓励在外地打工的青壮年返乡创业或就业。

三是普及宣传。非遗道明竹艺村开展了竹编进校园、进基地、进课堂的"三进"活动,向学生普及非遗知识和竹编技艺,依托红梅竹编坊、杨隆梅工作

图1-3　竹编装置

室、丁知竹等竹编体验场所,为外来组团游客、学生提供竹编教学体验。在重大节日展示大型户外竹编艺术品,在竹艺村提供常态化竹编体验服务。利用抖音短视频发起"Douin 竹艺村"活动,主动到成都、重庆、澳门等地和韩国、俄罗斯等国参加博览会、艺术展,强化国内外宣传,增强国际影响力。依托中国成都国际非物质文化遗产节,举办道明国际竹文化节,举办国际竹编创意设计作品展、"天府小匠人"(竹编)竞技、国际竹编竞技、国际竹文化论坛等活动,提升道明竹编的知名度和影响力。

案例3：大邑安仁——华侨城打造博物馆小镇

安仁古镇历史悠久，因地名取"仁者安仁"之意而名之，位于成都平原西部蜀之望县——大邑县安仁镇。古镇始建于唐朝，现在的旧式街坊建筑多建于清末民初时期，以民国年间刘氏家族鼎盛时期的建筑居多，风格中西样式合并。各式的院落建筑造就了安仁古镇的建筑风格，安仁古镇因此号称"川西建筑文化精品"。安仁古镇旅游景区拥有国家4A级旅游景区2个（全国闻名的重点文物保护单位——刘氏庄园、中国最大的民间博物馆聚落——建川博物馆聚落），中西合璧的老公馆群落27座、现代博物馆场馆48座、文保单位16处、藏品1000余万件、国家一级文物3655件。现存文物的价值和规模、拥有博物馆的数量，在全国同类小镇中首屈一指，被中国博物馆协会命名为唯一的"中国博物馆小镇"，被中国文物学会命名为"中国文物保护示范小镇"，获批为"全国首批特色小镇""四川省首批文旅特色小镇"。

安仁古镇在早年间也有缺乏文旅配套设施建设、支柱产业定位不明的问题，直到2016年华侨城入驻安仁，积极践行新型城镇化和乡村振兴的发展理念，基于安仁的特色与优势，确立以文博为核心，文博、文旅、文创"三文融合"的发展思路；确定以安仁镇内斜江河为分界线，分为南北两岸，北岸建设安仁古镇，南岸建设美丽乡村，形成"新型城镇化+乡村振兴"的布局，以"双轮驱动"为引擎促进城乡融合发展。

图1-4　安仁古镇红星街

华侨城在保护古镇原有历史文化的基础上，对古镇房屋、街道、优秀历史建筑采用"修旧如旧、最小干预、完全可逆"的修缮方式。将红星街沿线打造成特色美食街，与舌尖上的中国系列、川西传统美食等餐饮品牌商户签约。在民国风情街改造中，打造了德门仁里民国主题客栈、金桂公馆酒店等一系列精品主题酒店群。此外，还引入四川传统文化如非物质文化遗产道明竹编、非遗油纸伞、茶道等传统文化，丰富古镇内涵，打造了《今时今日安仁·乐境印象》IP沉浸式戏剧游戏，以及安仁论坛、安仁双年展、镇博会、中国小镇美学榜样等一批具有影响力的活动IP，新场景、新业态、新消费也在不断呈现。

图1-5　方所开在安仁的书店+民宿：方知书房

下一步安仁古镇将围绕"世界博物馆小镇"的目标定位，以国家5A级旅游景区为核心产业集聚区，全力推进安仁·中国文博产业功能区建设。

【案例解析】

安仁古镇的发展围绕"三文融合"的理念，其中"文博"为产业发展推动力、"文创"为产业发展方向、"文旅"为产业市场根源，形成"三文"产业生态圈，这三者之间的关联具体表现为：

文博是以文博旅游、文博艺术为主导产业，重点发展博物馆旅游、会议会展、鉴定评估、拍卖交易四个主导产业细分领域形成的完整文博产业链。重点打造了国际知名的博物馆标杆——大匠之门文化中心，建成100座博物馆，形成"泛博物馆""微特博物馆"两大类型，成为全国最大规模的博物馆聚落。同时，建设西部文化产权交易中心、西部文化藏品拍卖中心、国际文化交流中心三大国家级功能中心，逐步发展汇集会议会展、鉴定评估、拍卖交易等于一体的完整文博产业链。

安仁古镇以文创为链，推动产业聚集。全力实施"两空间一平台"建设，构建"生产创作+展示交流+拍卖交易"的文创全产业链。同时，全力打造生产创作空间。建设完成四川电影电视学院文化创新创业园、华侨城艺术家聚落、建川文创街坊、康佳创投安仁创新中心等生产创作空间。创作了《川·乐（YUE）安仁》《我是川军》《遇见安仁》等20余个影视音文创作品。活化老旧建筑，建成了包括艺术展示场馆、艺术家工作室、艺术品仓库和人文会客厅等空间的华侨城创意文化园，形成了国内外艺术品展示场所、艺术家交流平台、艺术者孵化基地，成功举办了首届安仁双年展，树立了安仁品牌。

安仁古镇以文旅为体，实现产业收益。坚持国际标准，强化新场景、新业态植入，满足游客多元化新消费需求，形成"三文"产业融合发展的商业闭环。此外，还实施了全域美化、亮化。以创建国家5A级旅游景区为契机，实施"全域增绿"和"增花添彩"工程，完成迎宾路景观改造、安仁坝子、老街地下管网改造等。整体服务升级。围绕独具特色的川西林盘，建成成都首批3A林盘景区——南岸美村，成都主题旅游目的地——拥有两个吉尼斯世界纪录的锦绣安仁花卉博览园，集智能设计、智能建造与生态环境和谐共生的"林盘复兴计划"——林盘庄园（一期）等游憩项目；完成喜来登、金桂公馆等品质酒店提档升级，打造"锦系列""乡系列"精品公馆酒店群、全国首家川西版树蛙轻奢营地，培育"杨柳的院子"、明轩客栈等在地民宿；成功举办了安仁论坛、安仁双年展、穿着旗袍去安仁、中美国际乡村音乐晚会、成都天府古镇旅游节、安仁国际艺术音乐节等节会活动。

■ 案例思考

（1）什么是文化资源？

（2）文化资源按不同的分类有哪些类型？

（3）文化资源开发有哪些模式？

（4）请分享一个你熟悉的文化资源开发项目，说一说其开发的亮点和特色以及存在的问题。

■ 知识讲解

一、文化资源的概念

文化资源是一种特殊的资源形态，对其定义众说纷纭。我们认为，一切留有人类活动印记、具有文明特征，可用于文化产业发展的各种物质、精神对象或者活动，都可以称为文化资源。

二、文化资源的分类

对文化资源进行恰当分类是进行文化资源统计、调研以及制定文化产业发展战略的重要前提，也便于理解和把握文化资源这一复杂概念。根据不同的分类范畴我们大致可以将文化资源分为以下几种类型。

（一）乡村文化资源

乡村是中华传统文化生长的家园，乡土文化是中华优秀传统文化的根柢。中华文化本质上是乡土文化。中华优秀传统文化的思想观念、人文精神和道德规范植根于乡土社会。广义的乡村文化指农民群众在持久的生产生活实践活动中创造出的物质财富和精神财富的总和；狭义的乡村文化主要指制度建设、教育普及、科技下乡、文艺汇演、法治观念等意识形态在内的精神范畴，是农民的生活方式、思想观念、认知方式、科学文化水平等心理和精神内涵累积的反映与升华。

乡村文化包括物质和非物质两种形态。物质文化主要是为了满足乡村生存和发展的物质产品所表现出来的文化，包括自然景观、空间肌理、乡村建筑、生产工具等。非物质文化指人类在社会历史实践过程中所创造的各种精神文化，包括节庆民俗、传统工艺、民间艺术、村规民约、宗教观念、道德观念、审美观念、价值观念以及村落氛围等。

（二）城市文化资源

城市文化和乡村文化是相对的一组概念。城市文化也有广义和狭义之分。广义的城市文化指城市的主人在城市发展过程中所创造的物质财富和精神财富的总和。狭义的城市文化指城市主人在城市长期的发展中培育形成的独具特色的共同思想、价值观念、基本信念、城市精神、行为规范等精神财富的总和。通常所讲的城市文化，主要是指狭义城市文化，它是与经济、政治并列的城市全部精神活动及其产物，它既包括世界观、人生观、价值观、发展观等具有意识形态性质的部分，也包括科技、教育、习俗、语言文字、生活方式等非意识形态的部分。城市文化作为城市的精神产品，规范着人们的思想和行为，对人的影响是根本和长远的。

城市精神又称都市精神，是一座城市的灵魂，是一种文明素养和道德理想的综合反映，是一种意志品格与文化特色的精确提炼，是一种生活信念与人生境界的高度升华，是城市市民认同的精神价值与共同追求。比如成都的城市精神是：和谐包容、智慧诚信、务实创新；重庆南川的精神是：勤劳勇敢、开明开放、实干图强；攀枝花的精神是：艰苦创业、无私奉献、开拓进取、团结协作、科学求实。

（三）历史文化资源

历史文化资源主要指人类过去发生的事物所产生的影响，成为满足人们精神需求的精神要素以及附着在物质上的精神要素。历史文化资源按时间顺序，可以把它们分为上古资源、中古资源和近现代资源等；按地域方位，可以分为藏文化资源、中原文化资源和巴蜀文化资源等；按属性则可分为物化型资源、精神型资源和交叉型资源三大类。

历史文化资源具有客观性、公共性、神秘性、时代性、知识性、教育性的特点。对于社会来讲，历史文化资源可以帮助大众认识历史、直面现实、走向未来，可以发挥其经济稀缺性成为当代经济的增长点，可以帮助大众愉悦身心、提高情趣，丰富现代文化内涵，可以反映人类利用自然和改造自然的历史状况，探索和揭示人类社会活动与自然生态环境之间相互联系、相互作用的演变规律,有利于当代社会的科学发展。

(四)民族文化资源

广义的民族文化定义即普遍意义上的民族文化定义,是指一个民族在长期的历史发展中共同创造并赖以生存的一切文明成果的总和。这一成果包括物质方面的、精神方面的和介于两者之间的制度方面的成果。狭义的民族文化专指民族的精神创造,它着重人的心态部分,是民族在长期的历史发展中经传承积累而自然凝聚的共有的人文精神及其物质体现的总和,包括科学技术、文学、艺术、思想道德、价值观念、宗教信仰、语言文字、风俗习惯和民间工艺等。

由于历史发展条件和文化本身的结构、功能等方面的特点,不同民族的文化在发展中,在这一或那一历史时期,相对而言,有比较昌盛、发达、普及的;也有昌盛、发达、普及的程度稍差一些的。但是每一个民族的文化都不会因此而失去其鲜明的民族特色。由于每一种民族文化都是独特的,所以作为一种价值而言,它们均处于平等的地位,对于这一或那一民族本身来说,都是同样重要的,对于中华文化的形成和发展都是不可缺少的。

(五)企业文化资源

企业中通过经营实践和员工行为所累积的除物质产品之外的习性或习惯,以及观念和制度等内容,是企业思想价值观念、行为、制度的总称。它不是可见、可触摸的东西,而是由观念、氛围和规则来构成它的表现形式。稳定的企业都会形成有自己特色的企业文化。

企业文化由三个层次构成:一是表面层的物质文化,称为企业的"硬文化",包括厂容、厂貌、机械设备、产品造型、外观、质量等;二是中间层次的制度文化,包括领导体制、人际关系以及各项规章制度和纪律等;三是核心层的精神文化,称为"企业软文化",包括各种行为规范、价值观念、企业的群体意识、职工素质和优良传统等,是企业文化的核心,被称为企业精神。比如,华为企业文化的核心是:以客户为中心,以奋斗者为本。万达企业文化的核心理念是国际万达,百年企业,企业使命是共创财富,公益社会。

（六）社区文化资源

社区,就是由一群具有个性特征且相互联系的人组成的和谐共处的区域或团体。社区是构成社会的基本单位,社区文化本质上是一种家园文化,是指一定区域、一定条件下社区成员共同创造的精神财富及其物质形态,它包括文化观念、价值观、社区精神、道德规范、行为准则、公众制度、文化环境等,其中,价值观是社区文化的核心。社区文化不可能离开一定的形态而存在,这种形态既可以是物质的、精神的,也可以是物质与精神的结合。具体来说,社区文化可以包括环境文化、行为文化、制度文化和精神文化四个方面的内容。

社区文化具有娱乐和健身功能、认知和育智功能、传承和整合功能、审美和创造功能。社区环境影响着每一个人,因而影响各种人文文化,影响各类设施,也影响学生的成就与行为;每个人都长期在社区中生活,将受社区影响所形成的价值观及行为带入社会,影响民族文化的性质。教育方针、内容、措施、行为及方法等,都受社区文化环境的影响,好的文化为社区培养人才,对社区文化产生良好影响。

三、文化资源的开发模式

文化资源开发是一项综合性工程,需要以市场需求为导向,科学理解文化资源性质及特征,把握文化资源开发规律,深入挖掘文化资源的文化价值和经济价值,实现文化资源的产业化开发。文化资源开发可以分为基础性开发模式和深度性开发模式:基础性开发模式较为传统,以资源型文化产业和制造型文化产业模式为主,包括了文化旅游开发模式、主题公园开发模式、节庆会展开发模式和文化地产开发模式;深度性开发模式包括创意产品开发模式、科技创新开发模式、特色产业带开发模式、生态博物馆开发模式和文创造镇开发模式等。

文化旅游开发模式就是采用"文化+旅游"的方式,利用地域文化特色增加旅游体验内涵,通过旅游宣传传播文化特色。如:为了打响成都城市名片,成都文旅集团整合当地文化和旅游资源，先后打造了宽窄巷子、西岭雪山、"天府古镇"系列、锦江公园建设、天府文化中心、宽窄巷子二期、熊猫星球等项目，推动"中法成都大熊猫生态创意产业园"项目建设，孵化运营好大熊猫IP。通过塑造天府文旅体生特色品牌体系，持续提升天府文化IP标识度，助力"世界旅游名城"建设。

主题公园开发模式就是围绕自然资源和人文资源的一个或多个特定的主题，为游客提供诸多娱乐内容、休闲要素和服务接待设施的园区。常见形式有以大型游乐设施为主体的游乐园、大型微缩景观公园，以及提供情景模拟、环境体验为主要内容的各类影视城、动漫城等园区。据不完全统计，国内主题公园数量近3000家，较知名的主题公园品牌有欢乐谷、方特欢乐世界、长隆欢乐世界、环球影城等。以成都融创文旅城为例，项目涵盖了水雪综合体、星级酒店群、主题乐园、国际秀场、购物中心等大型业态，融入了巴蜀文化和藏羌文化特质，形成"全年龄段、全家庭成员、全天候、全文旅业态"的区域旅游体系，成为风靡一时的旅游目的地。

节庆会展开发模式就是以传统节庆、定期会展为载体和平台，在一段时间内通过对区域文化资源的全方位整合和综合性发掘，最终实现节庆经济和会展经济综合效益的文化资源开发模式。节庆和会展常常相互带动，或借节办会，或以展促节。中国成都国际非物质文化遗产节是我国国家级国际性文化节会活动品牌，也是国际社会首个以推动人类非物质文化遗产保护事业为宗旨的大型文化节会活动。主要包含论坛、展览、竞技、展演、全域非遗五大体系活动，累计参展非遗项目9000余个，成为中华文明与世界各国各民族文明友好对话的国际平台。

文化地产开发模式就是以文化产业为内容，房地产为载体的地产形态。和传统房地产开发不同，文化地产不以建筑为核心，而是以"文化和生活方式、居住理想"为核心，整合高端居住、文旅、文化、商业配套等资源，用文化提升固化建筑价值。华侨城就擅长于将文旅内涵融入房地产开发，形成了文化旅游、酒店、住宅和商业类地产业务融合发展的独特优势，在川渝地区打造了欢乐谷、安仁古镇、洛带古镇、黄龙溪古镇等项目。如华熙528艺术村就由文化艺术创意区、艺术家创意工作室、写字楼、住宅、学校、体育公园及其他服务设施构成，从人文、建筑、商业三维尺度表达传统文化的传承与创新。

创意产品开发模式就是把文化元素中蕴藏的价值理念和精神追求，以符合现代审美的新符号形式加以创意表达。创意产品开发既要符合经济效益又要符合社会效益，文化创意产品是通过知识产权的开发和运用而产出的高附加值产品。故宫文创已开发了千余种文化创意产品，除了文具、茶具、包帽等传统形式外，还不断推陈出新，是国内文创的领跑者。随着四川三星堆的考古成果陆续发布，三星堆文创近年来也颇受大众关注，冰激凌、盲盒、棒棒糖、口罩四款产品长居热销榜单。今年，三星堆还推出了数字文创征集，通过设计具有艺术性、独特性、稀缺性和文物内涵的文博数字藏品，完成文化载体的更新。

科技创新开发模式主要是通过科技赋能文化产业创新发展，促使高新技术成果向文化领域转化应用，加强传统文化产业技术改造，培育新兴文化业态，强化文化对信息产业的内容支撑和创意提升。故宫博物院与凤凰卫视联手，借助8K超高清数字技术、4D动感影像，将《清明上河图》打造成可沉浸体验、可传播分享的新型艺术展演。四川省级智慧文旅"智游天府"平台将把云计算、大数据、物联网、人工智能、虚拟现实、移动互联网、5G等新技术作为新的生产力与公共服务相融合，为公众提供集全省文化和旅游资源为一体的独具四川特色的智慧信息平台服务。通过"文化+科技"的深度融合，还将不断衍生出数字创意、数字艺术、数字娱乐、沉浸式体验等新型文化业态。

特色产业带开发模式是以特色文化资源为开发对象、以文化产业集聚区为开发形态、以发展特色文化产业为目的的文化资源开发模式。该模式具有明显的区域聚集优势，能实现区域内文化资源开发互助、成果共享。巴蜀文化旅游走廊以重庆主城和成都双核驱动，成渝古道、长江上游、成绵乐三带串联，大峨眉—大熊猫生态文化、古蜀文化与嘉陵山水休闲、石窟石刻艺术与乡村旅游、大巴山生态休闲与高峡平湖等七大区域协同发展，川渝两地多线支撑，构筑生态旅游大环线。藏羌彝文化产业走廊四川区域以沿线的古蜀文化、大禹文化、氐羌文化、格萨尔文化、茶马古道等文化资源，开发唐卡、羌年、羌笛、瓦尔俄足节、多声部民歌、羊皮鼓舞、刺绣等非物质文化遗产项目，推动民族文化产业成为当地支柱性产业。

生态博物馆开发模式是一种以特定区域为单位、没有围墙的"活体博物馆"来对社区的文化遗产、自然生态和人文生态进行整体性保护的设计。生态博物馆强调保护、保存、展示自然和文化遗产的真实性、完整性和原生性，以及人与遗产的活态关系。我国目前的生态博物馆以村落文化景观生态博物馆为主，以广西和贵州省的少数民居聚集地为主。成都市大邑县的南岸美村乡村生态博物馆结合川西林盘的建筑和景观特征，在原有农舍的基础上进行优化和扩建，充分尊重乡村原有的院落围合的建筑形式与树木围绕村舍的田园景观，为村民提供阅读、集会和村党群办公场所。

文创造镇开发模式就是在保持小镇的风貌、风俗的基础上，综合考虑地区文化资源、文化和社会发展趋势、地域社会经济状况、市场竞争状况、标杆区域发展等因素，以特色小镇的建筑、历史、人文和生活样式为核心进行统筹规划，发展适应未来发展趋势的新产业。文创造镇可以参考日本"文创造镇"和台湾地区"社区营造"的经验，利用文化创意对文化资源型特色乡镇进行整体改造。中国博物馆小镇——安仁古镇通过"文博为核、文旅为基、文创为轴"的"三文融合"发展理念，完成了小镇的提档升级，实现了文化传承、生态维护、产业经营和社区营造。

■ 项目实训

随着乡村振兴战略的提出，以文化振兴理念打造的文旅项目比比皆是，乡村文旅有利于唤醒"沉睡"的文化资源、推动农村地区产业结构转型升级、提升农村地区的"造血"能力。请选择你所处地区的乡村文旅项目，展开实地调研。

1. 要求

（1）展开调研前，形成一份调研方案。

（2）调研结束后形成完整的调研报告。

2. 流程

（1）选择一个乡村文旅项目，采用文案调查法预先在网络搜集相关资料。

（2）整理网络资料，形成对该项目的初步认识。

（3）在初步认识的基础上，提出你的调查问题。

（4）确定实地调查的时间、地点、方法和内容，撰写调查方案。

（5）展开实地调查，可采用访谈法、观察法、问卷调查等方法收集资料。

（6）整理实地调查资料，并形成调查报告。

学习测评

表 1-1　学习测评表

任务名称			
小组名称			
组长		成员	
时间			
项目讨论情况			
项目开展方案与实施步骤			
任务开展中存在的问题及反思			

续表

成果形式	
完成任务评价（得分）	
任务完成情况分析	
优点	
缺点	
存在问题及解决方式	

模块二 古巴蜀文明探秘

■ 学习指导

今天的四川省、重庆市在中国古代的商周时期,是以蜀族和巴族为主建立的两个王国,他们和中原的商、周王朝有着密切的联系。秦灭巴蜀以后,巴国和蜀国被正式纳入秦国的版图。经过秦代到西汉早期,巴族和蜀族及其他族已逐渐融合于汉族之中。在漫长的历史阶段里,巴文化与蜀文化水乳交融,浑然一体。巴山蜀水,资源丰富,文化厚重,物华天宝,人杰地灵。要挖掘巴蜀文化资源,首先要理清巴蜀文化的历史脉络,了解巴蜀地区古人类文化遗迹,领略神秘的古巴蜀文明。

■ 学习目标

(1)通过对古蜀文明的溯源,能解读古蜀文明的历史信息。
(2)通过对古巴文明的溯源,了解巴文明发展的历史概况。
(3)了解古巴蜀文化相互交融情况。
(4)了解巴蜀地区主要古人类文化遗迹。
(5)能利用典型巴蜀文化资源做创意文创策划。

案例导读

案例1：三星堆营销推广活动

世界博物馆日系列活动

2021年5月18日，在"国际博物馆日"当天，三星堆博物馆不仅有门票优惠活动，还开展文创雪糕制作、快闪走秀、"探地飞天"研学体验、"三星堆奇妙夜"小小体验官征集发布等活动。

文创雪糕：五一期间，三星堆文创雪糕成为了游客们来到三星堆博物馆的必打卡项目。据了解，为制作雪糕而定制的青铜面具模板是由三星堆博物馆文创部专门设计的，目前已经推出了"青铜味""出土味"和"网红味"三种口味。接下来，还将上新三星堆"纵目""青铜鸟头"等造型的冰激淋。

图2-1　三星堆文创雪糕

快闪走秀：活动当天，由四川西南航空职业学院的三星堆文化爱好者们发起的主题服饰走秀、快闪活动同步开展。文化爱好者们身着的三星堆"高定服饰"融入了浓厚的三星堆文化元素，游客在观看中仿佛穿越时空，重新走进辉煌闪耀的古蜀时代。

文创产品：现场的文创展区也格外丰富，"mini版"青铜人头像、三星堆纵目头像、融合三星堆元素的丝巾、背包等三百多种文创产品展现了历史文物的延伸和无限可能。

"走进三星堆，读懂中华文明"主题活动

2021年5月28日，国务院新闻办公室、国家文物局、四川省人民政府将在四川省广汉市的三星堆博物馆联合举办"走进三星堆，读懂中华文明"主题活动。

据悉，28 日当天的主题活动包括召开推介会介绍三星堆考古发掘新成果、举办"三星堆奇妙夜"活动、发布三星堆文化全球传播重点项目、实景演出等。据介绍，该活动将打造沉浸式夜游三星堆的奇妙体验，包括三星堆主题花灯展览、古蜀丝梦时装秀、三星堆光绘集等活动，是一场集学术性、思想性、观赏性、趣味性于一体的文化盛宴，将为增进中外文明交流互鉴发挥积极作用。

【案例解析】

三星堆系列推广营销活动成功将三星堆文化推上了网红的位置，成为继故宫、敦煌之后的又一大文博 IP。

第一，三星堆营销推广符合现代语境。考古学和历史学语境下的三星堆文化是客观严谨的，但面向大众时，干巴巴的学术说教无法引起社会的广泛关注，三星堆博物馆用现代化的传播语言赋予文物更鲜活的生命力，通过光绘、时装秀、短视频等形式，让文物变得幽默有趣，真正地走进大众，赢得人们的喜爱。

第二，三星堆借力跨界联名。三星堆频繁使用跨界联名策略，如青铜面具冰激凌、考古盲盒、祈福神官系列盲盒、摇滚盲盒等。此外，三星堆文创产品囊括了潮流饰品、办公文具、家居好物等众多品类，用高颜值、有内涵的文创产品俘获了新一代消费者的芳心。

第三，三星堆善用新技术。比如科技考古技术，三星堆发掘开创的考古工作舱，让考古工作人员在不接触地面的情况下，进行土层清理，文物挖掘，同时搭载 3D 扫描和高光谱扫描，进行纹理采集和工作记录，极大地提高了考古的工作效率和文物保护的力度。比如运用直播技术，带着网友线上云考古，引发了三星堆文化讨论的热潮。

案例 2：金沙文创月饼礼盒

2021 年中秋节，成都金沙遗址博物馆推出了文创月饼礼盒"金沙星月"，内置 6 枚金箔月饼，造型十分抢眼。该礼盒还创新性地融合考古盲盒，用一个金闪闪的"月亮"营造中秋的美好气氛，让古老文明在现代月饼上焕发新光。

三千年前，古蜀金沙先民披沙拣金，铸造出太阳神鸟金饰、蛙形金箔等圣物，表达对日月神灵的崇拜和对天空最朴素、最执着的向往。2021年正值金沙遗址发现20周年，为纪念这一特殊时刻，同时向中国人几千年来孜孜不倦的星空探索精神致敬，金沙遗址博物馆融合了考古盲盒的理念，全新设计开发了这款"金沙星月"月饼礼盒。

　　"金沙星月"礼盒中的月饼图案用到了文物图样，如象征日月的太阳神鸟金饰、蛙形金箔，寓意翱翔天际的铜鸟，造型与"穿宇航服的航天员"有几分相似的铜人形器，威严的黄金面具和陶瓮，都是金沙遗址出土的代表性文物，见证了三千年前古蜀先民高超的手工技艺和非凡的想象力。

　　本次月饼采用同样历史悠久的国家级非物质文化遗产——"南京金箔锻制技艺"，用锻制的食品装饰金箔精心"复刻"这6件镇馆之宝，贴于饼皮之上。

【案例解析】

　　每年的中秋节，都成为各大博物馆角逐月饼类文创的激烈战场，金沙博物馆的"金沙星月"文创月饼礼盒，在赋予产品文化内涵和实用性的基础上，还具有时代性、趣味性等特征，获得良好的市场反响。

　　时代性：2005年，太阳神鸟金饰图案蜀绣品搭乘神舟六号翱翔太空，终将古蜀飞天梦变为现实。今天，嫦娥探月、"神十二"飞天、空间站建设，人类逐梦苍穹、探索宇宙的脚步从未停止。因此，金沙博物馆以浩瀚宇宙为灵感、以金沙文物为元素，设计该款礼盒。

　　趣味性：将考古体验和DIY手工结合。礼盒内置月球考古套装，坑坑洼洼的"月球"盲盒金光闪闪，造型逼真。使用配套的考古工具，就能亲自动手发掘月球里的"宝物"，体验考古的乐趣。在"考古"完之后，把挖出的宝物清洗干净，涂胶水晾干，贴上金箔，再系上流苏配件，就可以DIY完成一个太阳神鸟挂件。

　　随着时代与科技的发展，人们的审美和思想会产生不同的变化。要想在文创产品上推陈出新，就该为文化赋予趣味和现代气息。

■ 案例思考

（1）古蜀国的代表性文明有哪些？

（2）古蜀文化遗迹三星堆遗址和金沙遗址有哪些文化特点？

（3）结合自身专业，思考巴蜀文化的传承与创新的方式有哪些？

■ 知识讲解

一、开国何茫然

巴蜀大地不但自然风光旖旎，历史文化积淀也非常丰厚和广博。不但有今日的美丽画卷，更有古老悠久的骄人历史。巴文化、蜀文化源远流长，不论在史前时期还是历史时期，都因其显著而独特的文化内涵而名扬天下。在今天的巴蜀大地上，无论是地下出土的千年珍贵文物，流传至今的动人传说，还是历史资料的生动记载，不论是让人惊叹还是令人费解，都以各自独特的面目给远古的巴蜀大地蒙上了神秘的面纱。

（一）古蜀地区文明

古蜀文明，其地域相当辽阔。《华阳国志·蜀志》记载："其地东接于巴，南接于越，北与秦分，西奄峨嶓。"其范围，东与巴国大致相邻于涪江流域，西边囊括了川西高原一部分，北边以秦岭为秦蜀边界，南边抵达中越边境。由此可见古蜀人的活动区域不止今天的四川地区。不过，古蜀人活动的中心地区一直在今四川西部地区。凡活动在蜀地之人可称为蜀人，蜀人之族称为蜀族，蜀族之王称为蜀王，所建之国称为蜀国。

李白在《蜀道难》中写道："蚕丛及鱼凫，开国何茫然。尔来四万八千岁，不与秦塞通人烟。"古蜀国的神话一直在时空里流传。据《蜀王本纪》载，公元前316年秦灭巴蜀以前，蜀地经历了蚕丛、柏灌（濩）、鱼凫、蒲泽（杜宇）、开明五个王朝，一个个传说故事和史料记载为我们勾勒出一个富有浪漫色彩的神秘古蜀国。

蚕丛氏，从岷江上游辗转徙居川西平原，源自更古老的蜀山氏，在蜀地最早称王，可能是最早进入文明的族群。《华阳国志·蜀志》记载："蜀侯蚕丛，其目纵，始称王。死，作石棺石椁，国人从之，故俗以石棺椁为纵目人冢也。"三星堆著名的青铜纵目面具表现的就是古蜀国始祖蚕丛。蚕丛巡行郊野常着青衣，因此也被人们称呼为"青衣神"。蚕丛在西周末建立蜀国，"蜀"字就是由一棵弯曲的桑树和树下的一只虫（蚕）构成的。他劝农种桑养蚕，从此蜀国以蚕桑丝绸之邦而蜚声海内外，直到如今。当地还流传着与此相关的金蚕墓的传说：每年年初，蚕丛都会拿出金头蚕，每户送一头，如此各家的蚕必大量繁殖。日后，就算不再给乡民金蚕，蚕也越聚越多，最终只得埋在江边，筑成一座蚕墓。蚕丛死后，人们将其安葬在蜀山（今瓦屋山），修建了巨大的庙堂来祭祀青衣神，使蜀山成为闻名遐迩的"青羌之祀"地。同时，他们仿照青衣神之衣着，代代相传，永久纪念。为了不忘青衣神的功绩，他们将蚕丛出生之地称作青神县，并将他耗去毕生精力的若水地区之若水称为青衣江，这是四川境内唯一用人名命名之江。

继蚕丛氏之后的是柏灌（濩）氏。在古蜀三先王之中，柏灌是最神秘的一个。关于柏灌的生平，资料记载较少。在《华阳国志》中，关于柏灌的记载仅有五个字，即"次王曰柏濩（灌）"。也就是说，在古蜀历史中，柏灌时期几乎一片空白。柏灌带领古蜀人不断迁徙，翻越龙门山，来到成都平原这片肥沃的土地落地生根。其活动中心在灌县（今都江堰）一带。今都江堰市有地名灌县、灌江、灌口、灌坂……可能与柏灌氏有关。

继柏灌氏之后的是鱼凫氏。鱼凫是古蜀国非常了不起的国王，在他的带领下，古蜀人再次向东迁徙，来到了成都平原北段的广汉平原。这时古蜀国已经不是古老的原始氏族部落，而开始向奴隶制国家转变。实际上鱼凫才是古蜀国真正意义上的第一个统治者，之前的蚕丛和柏灌只不过是原始部族的首领而已。在鱼凫执政时期，古蜀国逐渐发展壮大，三星堆文化遗址中发现的古城规模和大量古文物可以窥见古蜀国的辉煌。在如今的郫都、温江一带，有很多鱼凫氏的传说，比如鱼凫村、鱼凫桥、鱼凫王墓……从蚕丛到鱼凫时代，古蜀国经历了数千年的时间，又经历了多次的迁徙和定居，留下了许多古代传说和史料记载。

鱼凫仙去后，从天而降的杜宇娶了来自江源的井中名叫利的女子为妻，他自称望帝，在蜀地称王。杜宇称王后，积极开疆拓土，将蜀国领域向东发展到今天的嘉陵江，向南抵达今云南、贵州北部，西至今青神、宝兴、芦山一线，北达今陕西汉中盆地。杜宇氏教民务农，在重视农业生产的同时也重视治水。古时候四川人把杜宇视为农神，春耕要先祭杜宇。杜宇晚年，成都平原洪水为患。杜宇命丞相鳖灵治水，鳖灵不负众望，据说是他开凿了都江堰的宝瓶口，改变了成都平原上的水系分布，大大减轻了古蜀国的灾情，成功治理了水患。后来望帝退隐西山，禅让帝位于鳖灵，史称丛帝。丛帝死后葬于今郫县城南，后又建丛帝祠。南朝齐明帝时又把望帝陵从灌县迁至郫县丛帝祠，二陵一处，合称望丛祠。

相传杜宇死后变成子规鸟（杜鹃），每到春天，不断"布谷布谷"地鸣叫以催人播种。杜鹃鸣叫不停，直到满口鲜血为止，老百姓非常感动，遥思帝魂。而杜鹃的鲜血洒在山间，化成一丛丛盛开的杜鹃花，这就是"杜鹃啼血"的传说。传说总有许多版本，有一说望帝幻化为杜鹃，这也成为蜀人世代相传的动人神话故事，同时增加了古蜀国的神秘感和文化气息。

继杜宇之后是开明氏。开明王朝是由鳖灵所建，因治水有功杜宇禅让帝位使其成为蜀王，号曰开明帝。开明王朝建立于公元前7世纪，公元前316年为秦所灭，历时300多年，是蜀国最后一个王朝，也是蜀国势力最强盛的一个王朝。开明王朝都城几经迁徙，最后在今天的成都建立了都城，这也就是众所周知的金沙古城。我们从金沙遗址的规模和古城内的建筑遗迹，以及辉煌的古文物就可以看出当时古蜀国非常繁盛。开明王朝农业非常发达，蚕桑与纺织有一定规模，手工业和商业很兴旺，城市规模也进一步发展壮大。当第十二位开明王执政的时候，古蜀国已经腐化堕落。而北边的秦国，自商鞅变法后国力逐渐强大，正虎视眈眈注视着蜀国这片富饶的土地。公元前316年，秦趁巴蜀间矛盾激化之际南下伐蜀，至此，存续了300多年的开明王朝灭亡了，曾经创造了辉煌灿烂文明的古蜀国也就此终结。

（二）古巴地区文明

巴和蜀都是活跃在中国西南地区的重要民族。《山海经·海内经》记载："西南有巴国。太皞生咸鸟，咸鸟生乘厘，乘厘生后照，后照是始为巴人。"根据这个记载，巴人出于太皞。太皞为中华民族传统中三皇之一伏羲之号。伏羲之先为燧人氏，母亲为华胥氏。巴部族是伏羲氏的一员，夏商时期，巴人南迁至今陕西南部汉水上游一带，此时的巴人已从原先的部落分离出来，另立宗室，并进入父系氏族公社阶段。汉水南北两面都有巴山、巴水、巴溪、巴岭等地名，向南更是有镇巴、巴渠、巴庙、巴蛇、巴王等名称。商末，周武王伐殷，以巴人充当先锋。武王灭殷之后，"以其宗姬封于巴"（《华阳国志·巴志》）。巴国是周王室分封的姬姓诸侯国。周朝建立后，实行分封制，分封巴地为子国，并把周朝的一个姬姓宗室封到了那里，历史上称为巴子国，简称巴国。都城设在江州，即今重庆的渝中区。

从春秋末叶至战国，是巴国的鼎盛时期。据《华阳国志·巴志》记载，其时领土区域甚为广阔，其地东至鱼复（今重庆奉节及湖北西南一带），西至僰道（今四川泸州、宜宾一带），北接汉中（今陕西汉水流域），南及黔涪（今重庆黔江、涪陵一带）。其疆域之辽阔，概括了今重庆全境、湖北恩施、川东北部分地区，也即包含了今四川、重庆、陕西、湖北等四省市的部分地区。但是，巴地并不是巴国同时占有的疆域，应该是巴国先后所占有的版图。实际上巴国在不同时期疆域是不断变化的。大体来说，商周时代的巴国据有汉中东部，春秋时代向巴山东缘发展，春秋末叶南迁至长江川、鄂间，战国时代进入今四川东部并兼及与鄂、湘、黔相邻之地。从此，"川东巴国，川西蜀国"的局面正式形成。

巴国和蜀国长期为近邻。商代，巴活动于陕南，与蜀北方据点毗邻。周初巴蜀同时受周王分封，地域仍相毗邻。蜀国杜宇王朝时期，蜀国的经济、文字、文化东传巴地。长期以来，巴蜀文化相互影响，相互渗透，以至于渐趋同一而形成"巴蜀文化"。

秦灭蜀国后，立即移师东进，取巴之江州、阆中，俘虏巴王，巴国为秦所灭。

秦统一巴蜀后,在当地设立了巴、蜀、汉中三郡,且都设有掌管本郡事务的郡守和辅佐郡守的武官郡尉。郡下设县,万户以上设令,不足万户设长,下面还有县丞和县尉,以辅佐令和长处理事务。这些政治机构在巴蜀地区执行秦国的政令,使得此时的巴蜀逐渐进入封建社会。

(三)巴蜀文化交融

先秦的巴文化和蜀文化都只是以各自独立的形态在发展着、衍变着,它们的交汇交融主要还是发生在秦汉以后。

春秋战国是巴文化和蜀文化互相渗透磨合的初始阶段。

秦汉王朝一统天下以后,先后在巴蜀地区实施了一系列政治、经济、社会、文化改造措施,加速了巴蜀文化系统的结构转型。盆地地理环境特殊,乃兵家必争之地,这也成为催化巴蜀融合的一个重要原因。秦统一天下时就将巴蜀作为一个整体的前方基地,汉朝及三国蜀汉等也都凭借盆地天险成就了霸业。尤其是诸葛亮将治蜀作为其治理天下的蓝本,《蜀志·诸葛亮传》裴松之注引《原子》曰:"亮之治蜀,田畴辟,仓廪实,器械利,蓄积饶,朝会不华,路无醉人。"

东晋时期,"五胡乱华"导致了中国历史上第二次民族大迁徙、大杂居、大融合,从另一特殊角度促进了巴蜀文化的一体化。

隋唐五代宋时期,在前期地域文化认同的基础上,巴蜀之间政治、经济、文化等进一步交融、发展。特别是在隋代,巴蜀行政区划合一,同划属梁州,这是历史上中央政权第一次确认巴与蜀的合治。唐代虽曾回归分治,但宋代的合治更彻底。

元代以后,巴蜀文化基本上以中国的一个定型区系文化面目呈现,一直延伸到近代。

当然,以上所述巴蜀文化的交融并不妨碍巴蜀两国以各自独特的个性发展。只是长期的战争导致四川人口锐减,大规模移民(如"湖广填四川")导致人口构成发生变化，于是血缘、方言、习俗等诸方面再一次变异转型。巴文化、蜀文化与湖广文化奇妙混合，在四川盆地造就出了一种新的近代巴蜀文化。

二、巴蜀古人类文化遗迹

早在 200 万年以前，巴蜀地区就出现了旧石器时代早期的史前人类文明，如重庆"巫山人"。此外，考古学家还在四川资阳市发现了旧石器时代晚期的人类头骨化石，经科学推测这些古人类大约生活在 4 万年前的古代社会。随后，考古学家们又相继在巴蜀境内发现了几处旧石器时代晚期的文化遗址，如铜梁旧石器遗址、鲤鱼桥旧石器遗址和富林文化遗址等。

（一）巫山人

1985 年，考古工作者在重庆巫山县庙宇镇龙坪村龙骨坡，发掘出一段带有 2 颗臼齿的残破直立人左侧下颌骨化石以及一些有人工加工痕迹的骨片。1986 年又发掘出 3 枚门齿和一段带有 2 个牙齿的下牙床化石。此外，遗址中还出土了包括步氏巨猿、中国乳齿象、先东方剑齿象、剑齿虎、双角犀、小种大熊猫等 116 种早更新世初期的哺乳动物化石。经学者研究，龙骨坡遗址出土的遗物代表了一种直立人的新亚种，后被定名为"直立人巫山亚种"，一般称之为"巫山人"，距今约 201～204 万年。"巫山人"化石是中国境内迄今发现最早的人类化石，这一发现揭示了人类发展的进程，填补了中国早期人类化石的空白，对于研究人类的起源和三峡河谷的发育史具有极为重要的科学价值。

（二）资阳人

1951 年，在四川省资阳县九曲河桥基旁发现了古人类女性化石，年龄在 50 岁左右。经过大规模的考察和发掘，最终确定为距今 3.5 万年至 4 万年前的晚期智人——"资阳人"。"资阳人"是中国发现的第三个古人类头骨化石，可以说是新中国成立之初的重大考古发现。伴随"资阳人"出土的，还有大批石器、骨器，特别是骨针、穿孔石珠、麂鹿角等文物。"资阳人"头骨化石尺寸较小，表面平滑圆润，额部较丰满，是南方人类的代表，是古人类发掘中唯一的女性。头骨化石出土半年后，它旁边又发现了一枚世界上独一无二的骨锥，证实4万年前的人类已经会缝制衣物，文明发展到了较高的程度。现场发掘的一枚穿孔石珠被推测为当时人类项链上的饰物，这证明4万年前的人类已经懂得装饰自己。"资阳人"是旧石器时代发掘的一个重要成果，"资阳人"使用的工具和文化的成就已经达到了相当水准。

巴蜀地区旧石器时代晚期文化的分布较为广泛，迄今发现的主要遗址有：汉源富林镇、资阳鲤鱼桥、铜梁张二塘、成都羊子山、遂宁起鄍口、安岳龙台、攀枝花回龙湾、重庆九龙坡、丰都烟墩堡等地点。这些遗址出土的石器类型各异，说明在巴蜀大地各处活动的古人类，是在活动范围、经济生活和文化特征等方面都不尽相同的原始社会群体。

（三）铜梁文化古遗址

"铜梁文化"遗址发现于1976年，是四川盆地内最早、最古老的旧石器文化遗址之一，位于铜梁县城西北约2千米处的张二塘。遗址出土了300余件旧石器，多种动、植物化石和数立方米乌木，通过碳14测定，其年代为距今21 550±310年。出土的旧石器以石片型刮削器为主，石核型砍砸器、尖状器次之。形制原始，粗大而厚重。出土化石共4目10种，既有东方剑齿象、亚洲象、中国犀、巨貘、獐、水牛、鹿、羊、熊等哺乳动物骨骼、牙齿化石，又有楠木、胡桃、毛栗、亮叶水青枫等植物化石，以及野核桃、云山稠、南酸枣等果实化石和蕨类、菊科等植物的花粉成分。铜梁古文化遗址出土的旧石器制品属于旧石器时代晚期，代表一种新的区域性文化。这一发现确认这里的人类活动比著名的北京山顶洞人的活动时间还早，被列为全国第八处旧石器文化遗址，经中国科学院科学鉴定和充分论证，被命名为"铜梁文化"。由此，史学界找到了巴蜀文化新的上源，把巴渝文明史上推至两万多年前，并进一步证明了长江流域与黄河流域一样，同为孕育中华民族的摇篮。

距今七八千年，巴蜀地区的原始居民逐渐进入新石器时期。这一时期的人类文明遗址聚集在东起长江三峡，西至大渡河，北达广元、阆中，南到西昌的广阔地区内,共发现 200 多处。在这些遗址中,具有代表性的有广元营盘梁文化遗址、大溪文化遗址、营盘山遗址、宣汉罗家坝遗址和广汉三星堆文化遗址。这不仅表明人们的活动范围比旧石器时代广泛得多,而且经济文化生活也发生了普遍进步。

(四)营盘山遗址

营盘山遗址位于四川省阿坝州茂县凤仪镇南 2.5 千米处,距今 5500~6000 年,是一处自新石器时代到明清时代的文化遗址,是迄今岷江上游地区发现的地方文化类型遗址中面积最大、考古工作规模最大、发现遗存最为丰富的遗址,对探讨古蜀文化与马家窑文化和仰韶文化的关系具有重要的科学价值,是中国 21 世纪重大考古发现之一,并可以建立起本地区距今 6000~4500 年间的新石器时代文化发展的初步序列。营盘山遗址出土的文物包括四川地区发现的最早的陶质雕塑艺术品,国内发现的时代最早的人工使用朱砂的遗物,长江上游地区发现的时代最早及规模最大的陶窑址等,是弄清古代文化传播、民族形成、迁徙、交融,以及其与成都平原和三星堆联系等问题的桥梁。

营盘山文化遗址是距今 5000 年前岷江上游地区的大型中心聚落遗址,其周围分布着数十处时代相近或略有差异的中小型聚落遗址,它们共同组成了新石器时代的大型遗址群,形成了较完整的聚落体系,如此规模的遗址群在长江上游地区极为罕见,同时,总面积达 15 万平方米的营盘山遗址也是长江上游地区发现的面积最大、时代最早、文化内涵最为丰富的大型中心聚落,它代表了 5000 年前整个长江上游地区文化发展的最高水平。

(五)宣汉罗家坝遗址

罗家坝遗址位于四川省达州市宣汉县普光镇进化村,地处秦、楚、巴、蜀文化交界处,距今有 5300 年历史。1999 年首次发掘了涵盖东汉、西汉、周、商、夏、新石器时代晚期的文化堆积非常深厚的巴人文化遗址。

罗家坝遗址出土的众多巴人文物、墓葬及在罗家坝首次发现的许多器物,都堪称独一无二的稀世神品。该遗址新出土了一批典型的巴蜀符号,这批符号主要集中在印章和兵器上,数量较多,从战国早期延续至西汉,是四川地区巴蜀符号出土最多且演变序列最完整的墓地,同时部分墓葬巴蜀印章与汉印共出,为进一步研究巴蜀图语提供了重要实物材料。新发掘集中揭露了一批东周时期的墓葬,出土大量带有典型巴蜀文化和楚文化风格的青铜器,还随葬大量龟甲、鹿角等与巫术相关的器物。除此以外,随葬品除了常见的巴蜀文化特有的陶器(主要以圜底罐、豆、器盖为主)、铜兵器(剑、戈、矛、钺、箭镞等)、生产工具(斤、锯、斧、刀等)和铜容器(尖底盒、釜、鍪、釜甑等)以外,还出土了一批典型的楚文化特征的礼器(鼎、敦、壶、瓿、尊缶等),同时出土了两件极有特色的腰带,展示出巴人青铜时代丰富多元的物质文化。

这些文物是人类宝贵的文化遗产,是最具历史科学文化价值和最富观赏性的文物群体之一。这处被公认的、20世纪末发现的面积最大的古代巴人中心文化遗址同广汉三星堆、成都金沙遗址一样,改写了长江上游的人类文明史。罗家坝遗址的发掘,立体式地呈现了嘉陵江流域新石器时代的自然环境、生产生活方式。

(六)三星堆文化遗址

三星堆遗址位于四川省广汉市西北的鸭子河南岸,是迄今我国西南地区发现的范围最大、延续时间最长、文化内涵最丰富的古城、古国、古蜀文化遗址,其文化堆积距今约4500~2800年,面积达12平方千米。其核心区域面积约3.6平方千米,为古蜀国都城遗址。这里发现了众多珍贵的青铜器、玉器、陶器等文物,还发现了具有极高考古价值的古城遗址、遗迹,其古文物之众多、价值之高都是极为罕见的。1986年,三星堆1号、2号"祭祀坑",出土青铜大立人像、青铜神树、青铜面具、金面罩、金杖、象牙等上千件珍贵文物,"沉睡三千年,一醒惊天下",其年代为商代晚期(距今3250~3100年),其所揭示的一种独特的青铜文化引起轰动。它被考古学界称为"世界第九大奇迹",更被认为是20世纪人类最伟大的考古发现之一。随后发现三星堆东城墙、南城墙、月亮湾小城和大型宫殿基址等重要遗迹,逐步廓清了三星堆古城的分布范围。2021年5月28日，三星堆新发现6个"祭祀坑"，发掘收获颇丰，截至目前，三星堆新发现的6个"祭祀坑"中已出重要文物一千余件。此外，三星堆遗址将联合金沙遗址申报世界文化遗产，加快建设三星堆国家遗址公园。2021年9月9日，三星堆遗址祭祀区3号坑、4号坑再次发现阶段性重大考古成果。

（七）宝墩古城遗址

成都新津宝墩村，是距今约4500年的宝墩古城遗址所在地。1995年9月，宝墩古城遗址的发现，将成都的历史往前推进了约800年，进入了新石器时代。紧接着，在温江鱼凫村、郫县古城、都江堰芒城、崇州双河和紫竹古城、大邑盐店、高山等地先后发现7座与宝墩古城具有相同文化特征的史前古城遗址，其中又以宝墩古城发掘最早、遗址面积最大、最具有典型性，学术界因此将这一文化命名为"宝墩文化"。宝墩文化集中分布在成都平原，与川东、川北、川西北同时期的文化有一定联系，在四川盆地中心地带形成一个相对独立的文化区，将成都平原纳入中华文明"多元一体"起源的格局中，同时也为三星堆文化的起源提供了重要线索。

宝墩古城遗址的发现改写了成都平原的历史。它证明4000多年前成都平原的人群不仅有定居的村落、发达的农业和文化，更重要的是他们已经开始修筑规模宏大的夯土城墙。

（八）十二桥遗址

十二桥遗址，位于四川省成都市蜀都大道十二桥路，是十二桥文化的中心聚落遗址，主体文化年代为商末至西周（公元前1700—前771年），即十二桥文化时期，是一处文化内涵极其丰富的古蜀文化遗址。十二桥遗址以保存较为完好的商代大型宫殿式木结构建筑和小型干栏式木结构建筑群为显著特征，保存有大量与之相配套的建筑构件，出土了大量具有明显的区域考古学文化特色的陶器、石器、骨器，以及兽骨、卜甲和铜器等文化遗物。其中宫殿式木结构建筑基础是我国西南地区迄今发现的时代最早、规模最大的一处；干栏式建筑群是我国商代木结构建筑中迄今所知地面部分结构保存最为完整的一处。以十二桥遗址为中心的十二桥文化，是四川地区继三星堆文明之后，古蜀文明发展史上的又一次高峰。

（九）金沙遗址

2001年2月在成都市区发现的金沙遗址，分布范围约5平方千米，是公元前12世纪至公元前7世纪（距今约3200年~2600年）长江上游古代文明中心——古蜀王国的都邑地区。金沙遗址是中国进入21世纪后的第一个重大考古发现，也是四川继三星堆之后又一个重大考古发现，被评选为"2001年全国十大考古发现"。

金沙遗址已发现的重要遗迹有大型建筑基址、祭祀区、一般居住址、大型墓地等，出土金器、铜器、玉器、石器、象牙器、漆器等珍贵文物，还有数以万计的陶片、数以吨计的象牙以及数以千计的野猪獠牙和鹿角，堪称世界范围内出土金器、玉器最丰富，象牙最密集的遗址。特别是出土的太阳神鸟金箔，整器呈圆形，器身极薄，厚度为0.02厘米。图案以镂空方式表现，分为内外两层。内层为一圆圈，周围等距分布12条顺时针旋转的齿状芒；外层等距分布在太阳周围的是四只形态相同的鸟，手足相接，飞行方向与内层旋涡旋转方向相反。整个图案构图严谨，线条流畅。2005年8月16日，"太阳神鸟"金饰正式成为中国文化遗产标志。2005年10月12日至10月17日，"太阳神鸟"金饰的蜀绣制品搭载神舟六号飞船在太空中遨游后返回地球。

目前可以确认，金沙遗址主体文化遗存的时代约为商代晚期至西周时期，极有可能是三星堆文明衰落后在成都平原兴起的又一个政治、经济、文化中心，是古蜀国在商代晚期至西周时期的都邑所在，也是中国先秦时期最重要的遗址之一。

金沙遗址的发现，极大地拓展了古蜀文化的内涵与外延，对蜀文化起源、发展、衰亡的研究有着重大意义，特别是为破解三星堆文明突然消亡之谜找到了有力证据。金沙遗址复活了一段失落的历史，再现了古代蜀国的辉煌，并与成都平原的史前城址群、三星堆遗址、战国船棺墓葬共同构建了古蜀文明发展演进的四个阶段，共同证明了成都平原是长江上游文明起源的中心，是华夏文明重要的有机组成部分，为中华古代文明起源"多元一体"学说的确立提供了重要佐证。

金沙遗址的横空出世也将成都市的建城史从距今2300年提前到距今3000年左右，这对提高成都市作为历史文化名城的知名度有着不可估量的作用。

（十）渠县城坝遗址

城坝遗址，又名"宕渠城"遗址，位于渠县土溪镇城坝村，是川东地区目前尚存的历史最早、历时最长、规模最大的古城遗址。该遗址兴盛延续达800余年。1991年5月，城坝遗址被四川省人民政府公布为第三批省级文物保护单位；2006年5月，其被国务院公布为第六批全国文物保护单位；2016年10月，国家文物局将其列入"十三五"期间152处国家大遗址。

从2014开始，四川省文物考古研究院对此地进行了连续五年的系统考古调查、勘探和发掘工作。到2018年9月为止，发掘面积共计4000平方米，清理包括墓葬、水井、灰坑、城墙、城门、房址、沟、窑等各类遗迹438处，出土大量战国晚期至魏晋时期遗物，初步构建遗址自战国晚期至魏晋时期年代序列，城坝遗址原先的面貌渐渐还原。2019年10月至2020年初，四川省文物考古研究院联合渠县历史博物馆对城坝遗址进行第六次考古发掘，城坝遗址考古再次取得重大进展。考古工作人员在四川渠县城坝遗址发现了"賨人"贵族船棺墓葬，并出土了包括龙纹玉佩、蜻蜓眼琉璃珠、金剑格柳叶形剑等高等级文物。

城坝遗址先秦时期即有居民定居，大量带有巴蜀风格青铜器的发现也说明这是一处巴人聚居的区域中心，因此推测这里可能是巴人支系"賨人"的都城"賨城"。此时期巴文化因素尚占据主导地位，但已开始有多元文化涌入。遗址主体为秦汉至魏晋时期的"宕渠城"，也是秦灭巴蜀后统治"賨人"的核心地带。城坝遗址出土了一批非常重要的遗物，特别是"宕渠"文字陶瓦当明确了该城址的性质，即为秦汉时期"宕渠县"所在地。这种将郡县名字作为瓦当文字的情况极为少见，瓦当的纹饰特征显示它一方面受到了汉文化影响，另一方面也保留了地方特色。而城坝遗址的简牍则是继青川秦墓木牍、成都老官山汉墓简牍之后四川地区的新发现，在简牍发现史上具有重要意义，初步判断简牍年代主要为两汉时期。大量简牍以及瓦当的发现证实了秦汉王朝设立郡县后对当地的管理十分有效，也为探索秦汉帝国对西南地区的开发、经营和管理提供了很重要的实物依据。其中发掘出编号为 M45 的墓葬是巴文化核心范围内新发现的中大型墓葬，填补了战国中晚期巴国大中型墓葬的空白。该墓地的发现也是城坝遗址首次发现东周墓葬，为研究川东地区巴文化提供了新材料。

长达 2000 年的古蜀文明，文献记载匮乏。经考古研究，古蜀人的发展经历了以成都平原史前城址群为代表的宝墩文化，以三星堆遗址为代表的三星堆文化，以十二桥遗址、金沙遗址为代表的十二桥文化，以及以商业街船棺葬等为代表的晚期蜀文化。直到之后被秦国兼并，蜀地才逐渐融入汉文化。

■ 项目实训

不仅是金沙博物馆，其实三星堆博物馆也曾推出三星堆"杖中之月"的文创礼盒，采用了金杖的外形，吸取了花型青铜铃、青铜大立人、铜戴冠纵目面具等文物特点，采用巫族世界 IP 形象，制作了精致可爱的礼盒。请你以春节为时间节点，设计一款春节红包的文创产品。

1. 要求

面向关注、热爱三星堆文化的 25 岁以上消费者进行设计；符合春节期间发红包的使用习惯。

2. 流程

（1）描述使用情境，调研春节发红包的具体使用场景，提取关键词。

（2）查阅背景资料，进一步查阅三星堆文化的相关资料，选择代表性文化元素。

(3)分析文化特色,将传统的红包与三星堆文化结合。

(4)设计完善,有条件的可以制作成实物。

■ 学习测评

表 2-1　学习测评表

任务名称			
小组名称			
组长		成员	
时间			
项目讨论情况			
项目开展方案与实施步骤			
任务开展中存在的问题及反思			
成果形式			
完成任务评价(得分)			

续表

任务完成情况分析	
优点	
缺点	
存在问题及解决方式	

模块三 仪式看巴蜀

■ **学习指导**

　　仪式由许多的象征符号组成,往往会伴随许多民俗活动进行,能赋予民俗活动精神和意识层面上的意义。独特的巴蜀文化就是以各具特色的民俗活动仪式来支撑的,每一种仪式都是在集体无意识的发展过程中渐渐地外化成了一种公共行为,从而形成了巴蜀地区丰富又极具个性的文化现象。

■ **学习目标**

（1）了解巴蜀地区岁时节日主要礼俗。
（2）了解巴蜀地区主要岁时节庆、节气礼俗。
（3）了解巴蜀地区特色人生礼俗。
（4）能针对巴蜀地区不同的岁时节日、节庆、节气和人生礼仪等特色文化资源进行创意开发。

■ 案例导读

案例1：阆中春节文化活动

2020落下闳春节文化博览会以团圆为核心内涵，以"拜春节之源·到阆中过年"为主题。春节文化盛宴举办包括5大主题活动和14个特色活动，活动持续38天。

5大主题活动分别是2020春博会开幕式暨文艺展演、春节文化博览园贺年会、2020年落下闳春节文化暨国际天文学论坛、向百家使馆暨时代楷模大拜年和"千龙千狮闹新春"演出。14个特色活动包括：海内外家庭阆中过大年、"春节发源地·阆中天下稀"网络春节联欢晚会、落下闳及春节文化知识竞赛、川剧《落下闳》阆中演出、"亮花鞋"等乡村文旅大看台、万人同品腊八粥、阆苑仙葩迎春灯会、网络系列征集活动、"全球网红阆中有礼"打卡活动、古城迎春书画摄影展、川北婚俗新体验·我在阆中上花轿、踩嘉陵江福桥·赏山水城胜景、春节邮品大拜年、正月十六游百病暨春博会闭幕式。

2021年，受新冠疫情影响，阆中举办了"春节阆中源 云上贺新春"网络直播活动，向广大网友展现春节文化发源地阆中的独特年味。通过直播，网友可以观赏到古城与COSPLAY文化结合的真"名人"大巡游活动，阆中古城对儿歌进行重新编曲，结合至巡游队伍中，能欣赏到靓丽的汉服小姐姐在夜晚的古城街道华丽亮相。就地过年的群众可以参与到"道台拜年"的活动中，内容包含道台迎宾、道台出巡拜年两个环节，在川北道署+古城主要街道+状元牌坊增加体验，或者换上学服去贡院参与"秀才赶考、打马游街"活动，穿越回古代考一场试，当一回官。

此外，主播还带领网友游览了贡院、张飞庙、地质博物馆、中天楼、侯家大院等古城景区景点，云品尝伤心凉粉、华珍牛肉、牛肉凉面等阆中特色美食，让广大网友身临其境地体验到阆中的春节文化、三国文化、科举文化等多元文化。

【案例解析】

随着时代的改变，传统春节习俗的显性形式也随之改变，比如现在很少有妇人穿着花鞋去上街。阆中的春节纪念仪式活动中，也体现了时代性。比如：在锦屏山上修建"观星楼"和铸造青铜塑像以纪念落下闳，在网络平台举办云上贺新春的活动，将传统文化与 COSPLAY 文化结合。古城以前在初十到十五有灯节，在城隍庙前摆放 360 盏灯，灯油燃尽时，面粉做的"灯盏"烤成了又酥又香的面馎馎，看灯会的人都争着吃，以求来年无灾无病。现在的灯会衍变成了提灯会，正月初二晚上，士农工商各行各业组织都举着灯牌、提着彩灯，跟随舞着龙灯的队伍上街游行，各家也会提着精心糊制的各式彩灯上街，大街小巷成了灯的河流。

阆中的春节文化活动和春节文创产品，也与当地文旅深度融合，具有明显的地域特色，比如：策划"亮花鞋"、腊八粥、正月十六游百病等具有阆中特色的民俗活动，为游客提供印有落下闳标志的邮票邮品，采用传统元素，以生肖为主题，从传承出发，用剪纸呈现中天楼、状元坊、滕王阁等具有代表意义的古城建筑。此外，还有"阆中红包""阆中春节民俗明信片""春节纪念邮册""阆中手机壳""二十四节气邮册""二十四节气手绘本""步步高升春节礼盒""春节开运瑞兽"等多款阆中主题文创产品。

案例2：大足区二十四节气传统民俗文化活动

重庆市大足区文化底蕴深厚、旅游资源丰富，素有石刻之乡、荷莲之乡的美誉。今年，大足区举办了"天下大足·醉美乡村"2021 年大足区二十四节气传统民俗文化活动，深入挖掘地方特色文化元素，打造地方文化特色品牌，以二十四节气民俗文化为抓手，助力乡村振兴。

"天下大足·醉美乡村"特色系列活动是以全年二十四个节气为契机、以其文化为舞台而策划的，设《春·龙腾鱼跃看大足》《夏·荷棠秀色赏大足》《秋·美丽乡村品大足》《冬·美食美刻游大足》四个主题，倾力打造"看、赏、品、游"四季旅游活动路线。

从惊蛰踏春回老家、李花漫天下的沉浸式体验，到石刻文创园七彩花果节暨文创产品展示会的花果香甜；从春分体味古龙茶的独特韵味，观赏巴蜀百花宴的珍花奇卉，到清明追寻红色记忆、缅怀革命先烈、传承红色基因；从谷雨林间的采摘野趣，到立夏鱼戏莲叶间的龙水湖美食之旅；从小满枇杷黄的宝顶枇杷采摘节到高坪世界蜜蜂日品尝生态蜂蜜的香甜；从芒种福寿面香溢棠城、千人畅享特色美食到夏至麻辣鲜香的小龙虾搭配五彩缤纷的葡萄、爽口的脆李；从小暑棠城戏语川剧体验活动让传统艺术放光彩，到大暑的山水玉龙音乐秀；从立秋"满山尽是高粱红·笛女醇酿酒飘香"的回龙醉人红高粱，到秋分的"禾下乘凉·梦圆大足"农民丰收节、荷棠旅游文化节、金山镇佛手文化节……每个节气都让乡村群众领略不一样的文化，感受不一样的大足，群众获得感、幸福感不断增强，乡村面貌焕然一新。

据统计，大足区共开展 20 多场植根本地历史人文地理风情的特色民俗文化活动，实现了"月月有活动，季季有精彩"，全面展示了大足区丰富的人文自然资源，助力乡村振兴和城乡融合发展，吸引了主题游游客 400 万人次，收入近 15 亿元。

【案例解析】

"天下大足·醉美乡村"2021 年大足区二十四节气传统民俗文化活动的特色在于：

1. 提炼文旅发展内涵

鼓励提倡各镇街乡村根据实际情况，以二十四节气活动为支撑，聚力巴蜀文化旅游走廊建设，以文化为舞台、网络推送为媒介，线上带动线下，将大足区名特产、文创、美食、农副产品、非遗产品通过直播带动购销，集中展现山水丰茂、物产丰盛、人文丰厚的大足。

2. 主题串接多场活动

着力构建"春有花""夏有景""秋有果""冬有绿"，一年四季不间断的乡村旅游新格局，擦亮"天下大足·醉美乡村"文化旅游特色品牌。根据不同主题、不同区域，大足区文化馆将非遗展示、传统曲艺、民间技艺、民俗表演、川剧展演、歌舞小品、杂技绝活等节目有机融入不同的主题活动。

3. 活动类型丰富多样

举办"古龙秀叶香"茶文化节、大足石刻文创园七彩花果节、巴蜀百花宴美食文化节、成渝食用菌文化节、"5·20世界蜜蜂日"活动等。以大足区第三届红高粱云上旅游文化节为例，就开展了云端启幕式、"云上有奇缘"派粮票、云中回龙场、云海采高粱、云下全民直播、云间有故事等主题文化活动。

4. 充分发挥文旅融合作用

"天下大足·醉美乡村"活动是以大足石刻为抓手，充分发挥"旅游+"综合带动功能，深入推进"产城景"融合发展，且已初步形成集生态农业、旅游休闲、运动养身、乡村民俗、文化创意为一体的农旅文商融合发展大格局。此外，还能用公共文化助力乡村振兴，充分发挥公益文化活动的正面导向效应，在寓教于乐和潜移默化中宣传政策、凝聚人心和改进村风民风。

案例3："幸福羌年吉祥理县"2020羌历年庆祝活动

2020羌历年庆祝活动在桃坪羌寨以羌族传统仪式拉开序幕。"释比"唱念古老的经文，与天地神灵对话，并带领羌族男儿敲响羊皮鼓，为众生祈福，祝愿新的一年风调雨顺，五谷丰登，四季平安。祈福仪式结束后，来自茂县、汶川、松潘、黑水、北川、平武、成都市南宝山的羌族儿女和理县藏羌儿女，用"赛歌""赛

图3-1 我们的羌历年

舞""赛装"三大篇章,带来一场羌区非遗视听、歌舞、美装的新年盛宴。各族民众参与的"转山、转寨、转吉祥"互动仪式,感恩天地、日月、草木、山川的馈赠,满载各族群众团结进步的愿景,期待更加美好幸福的未来。活动现场以羊皮鼓、羌族碉楼、羌笛、羌族刺绣、花灯元素创作了5组大型艺术装置,图文并茂地对保护区建设成就进行了科学总结,游客可以沉浸式体验羌笛、口弦、羌绣、羌族多声部等非遗项目的独特魅力。

第四届四川省国家级羌族文化生态保护区成果展暨2020羌历年庆祝系列活动以"幸福羌年吉祥理县"为主题,举办羌年庆祝活动、第四届四川省国家级羌族文化生态保护区成果展、米亚罗红叶温泉节、黄河源非物质文化遗产保护与铸牢中华民族共同体意识论坛等"一年一展一节一会"四项主体活动和一系列丰富多彩的文旅配套活动,并同步开展"云展播""云展览"和非遗好物直播带货等线上活动,营造欢乐祥和的羌年氛围,充分展示国家级羌族文化生态保护区建设的巨大成就,展示天府旅游名县——理县的人文自然景观,展现保护区各族群众坚强自信、积极向上的良好精神风貌。

【案例解析】

1. 地理特征

"羌历年"主要分布于四川省绵阳市北川羌族自治县和阿坝藏族羌族自治州的茂县、松潘、汶川、理县以及其他羌族聚居区地,位于今横断山区向四川盆地的过渡地带,多为海拔1000~2500米之间的中山向低山过渡的区域,受地理环境因素的影响,羌族从文化上深受汉地农耕文化与高山游牧文化的双重影响。从羌年的内容上看,羌年的活动不仅反映了羌族农耕文化的传统,同时在羌年的祭祀活动中又可以看到游牧文化的遗存。羌族族群的民族记忆,负载着羌族族群从古到今在诞生、发展、延续过程中的集体记忆。

2. 时代背景

在2008年"5·12"汶川特大地震中,羌族大量聚集的理县、北川等成为重要受灾区，羌族聚居区受到严重毁坏，而传统聚落的消失，直接导致整个羌族文化受到了巨大影响。随着羌族与汉族文化融合程度的加快，越来越多的年轻人大都外出务工，在现代文明的冲击下，羌族的传统文化意识开始渐渐消退，羌族非遗以及羌文化所依附的生态链遭遇到前所未有的冲击。

羌年本身具有活态演绎的特点，羌族居住地的特殊地理环境和时代背景，决定了羌年更适宜在大区域内部整合资源做整体性保护，同时，借助灾后重建战略、传统工艺振兴计划，结合乡村振兴战略，打造体验式文旅品牌的文创开发路径。

（1）整体性保护：政府设立了国家级羌族文化生态保护实验区，包含阿坝藏族羌族自治州汶川、理县、茂县、松潘、黑水和绵阳北川、平武以及邛崃南宝山共7县1镇，是藏羌民族文化走廊的核心地带。保护区内政府有效整合区域内相关资源，依靠民族走廊，茂县古羌城、北川巴拿恰羌族风情一条街等一批具有浓郁羌族民族特色的非物质文化遗产基础设施拔地而起，理县桃坪羌寨、茂县黑虎羌寨等一大批羌寨修葺一新，这些项目与具有藏羌文化特色的魅力乡镇、旅游精品村寨一起成为羌族文化生态保护实验区建设的有力支撑。

（2）文旅融合与乡村振兴：羌年的非遗保护应该重视生产性保护和活态传承，阿坝州、绵阳市兴建了羌年、羌绣、卡斯达温、博巴森根、羌族口弦传习所及古羌水磨漆器传习所、平武羌绣传习所、羌族草编传承及生产基地等一批特色鲜明的非遗传习中心，常年开展活态传承、传习活动。阿坝州还成立了"阿坝州妇女羌绣就业帮扶中心""阿坝州藏族编织挑花刺绣协会"，推动以羌绣为代表的羌民族文化的保护与发展，采取"企业+合作社+农户"的方式带动妇女居家就业。通过生产性保护的形式，助力乡村振兴，实现羌族同胞增收致富。

（3）体验式文旅：茂县的中国古羌城不仅浓缩了羌族的建筑文化、历史文化等，还坚持对羌族非遗文化进行活态展示。目前茂县古羌城每天有民间艺人、非遗传人和羌族群众近400人，对羌族传统的转山会、羌年、瓦尔俄足等节日进行展演，举行传统羌族舞蹈萨朗舞、羌族体育项目推杆等活动与游客互动。每年五月初三到初五的瓦尔俄足节，当地群众以中国古羌城羌文化广场水景观、彩虹云梯为天然舞台，利用羌文化广场、水景观、羌王官寨、歌仙坪、仙龙坪等景点进行活态展演，表演敲羊皮鼓、吹羌笛、唱羌歌、跳萨朗舞等羌民族艺术。又如邛崃直台羌寨打造的"天府羌寨·云上南宝"旅游品牌，在南宝山镇开创了跳沙朗、听羌笛、住羌家、喝咂酒、品羌食的自驾游模式，同时在村里组建了原生态羌文化表演队伍，专为游客表演羊皮鼓舞、羌笛、沙朗等羌文化特色节目。

案例4：2021都江堰放水节

2021年的都江堰"放水大典"以电视+网络直播的形式与全球网友"云互动"，通过围堰、祭拜、砍杩槎放水、打水头等环节再现两千多年前都江堰的放水盛况，展示川西平原多姿多彩的社会风貌，讲述当年李冰父子带领灌区人民建堰治水的动人故事。

本次放水节以仿古巡游和非遗项目展演活动为核心，在都江堰古城区、南桥广场等点位开展太极舞、拂尘舞、青城武术、轿房唢呐、青城洞经、威风锣鼓队等非遗舞台展演项目，增加节日的欢乐氛围，展示都江堰本土特色传统文化，让观众在欣赏精彩节目的同时，切身感受都江堰非遗的独特魅力。此外，还举行招募旅游达人的活动，在都江堰水利工程建堰2277年之际，本次活动面向全球征集2277名旅游达人，在世界各个角落发出节日祝福，共同祈福都江堰放水节，并从中抽取10名"幸运儿"亲赴现场，感受放水节的魅力。该千年穿越活动，以蜀郡守李冰穿越到现代为主线，带领游客拍摄一系列活泼好玩、有料有趣的短视频作品，从都江堰出发，打卡望丛祠、天府绿道、太古里、大运会场馆等重要景区景点，让游客体验身在成都公园城市的幸福美好生活。

【案例解析】

从汉代开始，虽然历经多个朝代更迭，在二王庙祭祀李冰的习俗近2000年始终如一。不过，民间祭祀李冰，迎接岷江水流入都江堰灌区的民俗活动却随着时代的更替、民族成份的变化、生产水平的提高，以及都江堰水利工程的不断完善而有很大区别。现在都江堰放水节活动的主要特点有：

一是文化创意浓厚。活动以2000年来传承的治水工具竹笼杩槎编制展示和放水大典仪式组成，放水大典通过围堰、祭拜、宣读祭词、祭祀舞、砍杩槎放水、打水头等环节再现了先秦时期以来的都江堰放水盛况。

二是宣传方式新颖。活动前期拍摄制作以2021都江堰放水节李冰穿越系列为主题的短视频6集，在官方抖音、微信视频号、官方微博、B站等5个全媒体平台持续推出，播放量达上百万次，转载千余次。

三是联动合作共赢。联动扬州大运河文化旅游度假区、四川九寨沟景区、峨眉山景区等十余个景区及旅游部门，通过多种形式开展宣传互宣并举行全国旅游市场启动仪式。

■ 案例思考

（1）巴蜀地区比较有代表性的岁时民俗有哪些？

（2）为什么巴蜀地区的民俗带有兼容南北、并蓄东西的复合型特点？

（3）巴蜀地区代表的节庆仪式有哪些？有什么特点？

（4）请列举巴蜀地区的人生礼仪民俗。

（5）随时代发展，巴蜀传统婚礼风俗已所剩无几，请查询资料，分享有特色的巴蜀婚俗。

■ 知识讲解

我们常常将那些由传统习俗发展而来、被当地人们所普遍接受，并按某种固定程序所进行的活动与行为称为仪式。从这个意义上来说，仪式犹如一个磁场，能在人们心中产生某种心灵共振，并能起到一定的教化作用。在礼仪习俗中，最有特色的莫过于岁时礼仪和人生礼仪。春夏秋冬，一岁四时。春耕、夏种、秋收、冬藏，季节时令决定农事活动。千百年来，人们在精耕细作的同时也完善了"不误农时"的时序系统，它为整个社会生活所遵循，与民众的消灾祈福心理相结合，在民风的熏染之中，变得异彩纷呈。巴蜀地区岁时礼俗主要从岁时节日、节气、节庆中体现出来，它是巴蜀社会、历史、民众心理和精神追求的综合反映，也是中华民族文化中不可缺少的重要组成部分。人生礼仪习俗是人生习俗中最重要的活动，它贯穿一个人从生到死的整个旅途，为平淡的人生增色，也体现了民族文化的特色。巴蜀地区人生礼仪文化，积淀深厚、内涵丰富、流传久远。人们非常看重生老病死、婚丧嫁娶的礼仪，并用其表达丰富多彩的情感。

一、岁时礼仪

中国是历史悠久的文明古国，也是岁时节日、节气、节庆资源极为丰富的国家。一年四季的节日、节庆和节气，就像一部详细的编年史，记录了各民族的生活经历和美好愿望，巴蜀大地也呈现出一副五彩斑斓的生活画卷。它的形成与古代天文，历法知识有密切联系，与当地人民丰富的精神世界相结合，约定俗成，世代传袭，构成了共同信仰。岁时礼仪一般有周期性，有特定的主题，有群众的广泛参与。它是民众社会生活中的重要组成部分，也是在特定生态环境下形成的生活节奏体系，人们的生产、祭祀、社交、娱乐等活动大都围绕着岁时来开展。巴蜀地区比较有代表性的岁时民俗有春节、清明节、端午节、七夕节、中秋节、重阳节、彝族火把节、羌族瓦尔俄足节、羌族夬儒节、广元女儿节、广汉保保节、都江堰放水节、羌年、彝族年、藏历年、秀山苗族羊马节、苗族踩山节、丰都庙会、二十四节气仪式等。

（一）传统节日仪式

我国民间影响较大的传统节日有春节、清明、端午、七夕、中秋、重阳等。这些节日传承民族文化、寄托民族感情、体现了民族认同感，是植根于民间的文化瑰宝，有涵养中华民族之根、弘扬民族之魂的作用。不同季节，不同特色的传统节日，对于焕发民族精神，增强民族向心力和凝聚力，建设文明社会具有十分重要的意义。巴蜀从来是四方移民之地，历史上有过几次大的移民，特别是"湖广填四川"，使巴蜀盆地内的民俗带有兼容南北、并蓄东西的复合型特点。传统节日形式多样，节日仪式与相关习俗活动，是节日元素的重要内容，承载着丰富多彩的节日文化底蕴。

所谓"一方之会，风俗分杂"（《周书·辛庆之传》），正是巴蜀民俗特色的生动说明。岁时节日有春节过年、清明上坟、元宵灯会、端午食粽子、端午划龙舟、中元祭祖、中秋吃月饼等习俗，均与中原地区相似。但其中也有巴蜀自己的特色，如春节贴春联之习就起源于巴蜀。并且在有"中国春节文化之乡"之谓的阆中，年节内容十分丰富。立春，又叫打春，以鞭打春牛而示农耕，在阆中则有报春、祭春、接春、扎春、打春、耕春、游春、闹春的习俗。在阆中春节时间跨度较长，从旧年的冬至日开始，年味就弥漫开来，到腊八用五谷杂粮熬粥，仪式隆重，敬天地，祭农神、春神、祖宗。在腊月二十三祭灶神、腊月二十四打扬尘、腊月二十五挂灯笼、剪窗花、贴门神后，节序就到了腊月三十的除夕。除夕吃饭，在阆中叫团年饭、年夜饭，要从中午一直吃喝到晚上，守岁通宵，发天烛祭祖。晚辈给长辈孝敬红包，长辈给晚辈封压岁钱。子时击钟报晓，迎新接春，祈盼新的一年吉祥如意。

端午节，是集拜神祭祖、祈福辟邪、欢庆娱乐和饮食为一体的民俗大节。巴蜀地区民间过端午较为隆重，庆祝活动也各式各样。除了划龙舟、祭龙、挂艾草、洗草药水、拜神祭祖、食粽子、拴五色丝线、佩香囊等活动外，还有比较有特色的民俗活动。在泸州合江县神臂城镇常在端午节举办"焦滩大端阳"活动，活动中有焦滩大河闹、白鹿傩戏、高腔山歌、打盆技艺、石工号子等传统习俗展演，以庆祝这个传承近百年、相当具有民俗文化特色的节日。

（二）节气仪式

现行的"二十四节气"是把太阳周年运动轨迹划分为24等份，每1等份为一个节气，分别为立春、雨水、惊蛰、春分、清明、谷雨、立夏、小满、芒种、夏至、小暑、大暑、立秋、处暑、白露、秋分、寒露、霜降、立冬、小雪、大雪、冬至、小寒、大寒。二十四节气是中国古代订立的一种用来指导农事的补充历法，是反映气象和物候变化、掌握农事季节的工具，影响着千家万户的衣食住行，是中国古代劳动人民长期经验的积累和智慧的结晶。在国际气象界，二十四节气被誉为"中国的第五大发明"。2016年11月，联合国教科文组织将中国申报的"二十四节气——中国人通过观察太阳周年运动而形成的时间知识体系及其实践"列入联合国教科文组织人类非物质文化遗产代表作名录。在二十四节气中，有纯朴的习俗、庄严的仪式，还有浪漫的传说。当农耕文明业已远去，节气对现代人诗意生活的启示，依然意味深长。巴蜀地区的农民十分注意时令节气，劳作可以准确掌握农时，同时也有相应的特色民俗活动。

"雨水节，回娘家"，出嫁的女儿要带着丈夫，提着两把藤椅和"罐罐肉"，回娘家看父母。有孩子的，还要为自己的儿女拉保保（保保指干爹）。在川西民间有种习俗叫"撞拜寄"，就是雨水这天天刚亮，父母带着年幼的孩子在大路边等待第一个从面前经过的行人，无论男女老幼，都让孩子磕头拜寄，即是给对方做干儿子或干女儿。惊蛰起，春耕始，广大农民开始各种农事活动。春分到，蛋儿俏，有立鸡蛋的习俗。清明荡秋千、放风筝、踏青、插柳、吃清明粑粑、吃欢喜团。对于成都人而言，清明另有一层深意，那就是"放水节"。都江堰的清明放水节是传统的民俗节日，清代称为"祀水"，民国年间称为"开水大典"，一年一度，世代相传。谷雨采谷雨茶，传说可以清火、明目。立夏小满正栽秧，小满正是插水稻的季节，而农民们最重要的就是保证稻田里的水的充足，"小满不满，干断田坎"。芒种正值梅子成熟，于是有了喝酸梅汤的习俗。夏至到来，"吃过夏至面，一天短一线"，这一天，北半球的白天时长最长。小暑大暑，天气炎热，也是硕果累累的季节，农民们可以尝新了。进入小寒，年味渐浓，人们开始忙着写春联，购置年货，为春节做准备。大寒，巴蜀地区流行吃糍粑，多以糖佐吃，口感甜蜜。"过了大寒就是年"，俯仰之间，时间的年轮又将刻上一圈，周而复始，年复一年。

（三）节庆仪式

节庆是一种具有特定主题的、约定俗成和世代相传的社会活动，各地传统的节庆活动构成了中华民族的灿烂文化。巴蜀地区民间节庆资源丰富，每年都有丰富多彩、主题鲜明的节庆活动轮番上演,种类繁多,各具特色。

都江堰放水节:每年清明时节,都江堰市便迎来了从公元978年开始的一年一度的清明放水节大型旅游活动,表达的是蜀人对水的崇拜和对李冰父子的敬仰之情。自从都江堰这一世界水利奇迹诞生后,成都平原就成了水旱从人、不知饥馑的天府沃土。

彝族火把节:火把节是彝族最隆重盛大的传统节日,是大小凉山彝族人的"狂欢节",活动极富原始情趣和乡土气息。每年农历六月二十四至二十七日,彝族各村寨都要举行隆重的祭祀活动,祭天地、祭火、祭祖先,驱除邪恶,祈求六畜兴旺、五谷丰登,体现了彝族人民尊重自然规律,追求幸福生活的美好愿望。

羌族瓦尔俄足节:为祭祀天上的歌舞女神莎朗姐,每年农历五月初五羌族妇女不分老幼,身着鲜艳民族服饰,佩戴银首饰前往女神梁子石塔前,参加"瓦尔俄足"活动,汉语俗称"歌仙节"或"领歌节"。

羌年:羌年是四川省羌族的传统节日,于每年农历十月初一举行庆祝活动。节日期间,羌族人民祭拜天神、祈祷繁荣,展示与自然的和谐相处和对自然的尊重,并促进社会和谐、家庭和睦。

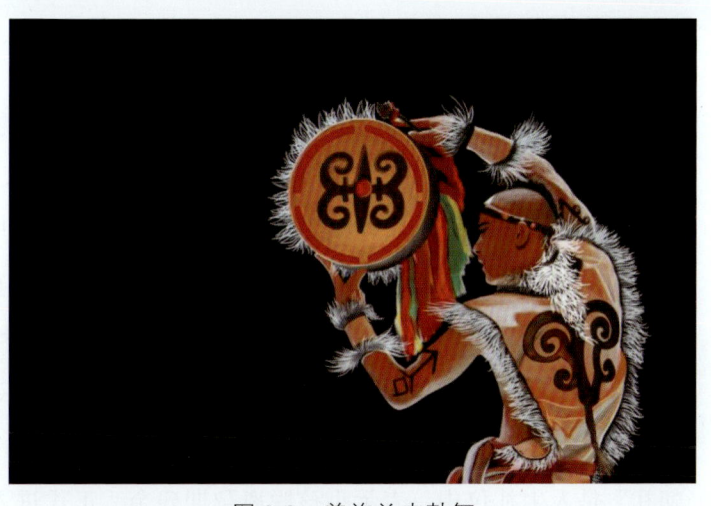

图 3-2　羌族羊皮鼓舞

丰都庙会:传说是为了纪念阎罗天子和他的妻子天子娘娘卢瑛的结婚纪念日。庙会定在每年的阴历三月初三,每到这天,各处游人、香客蜂拥而至,热闹非凡。"丰都庙会"以鬼城文化为载体,展示了丰富多彩的民俗文化活动、民间技艺,是"丰都庙会"的特色所在。

秀山苗族羊马节：亦称"苗家五月年"，因主要节庆日在农历中的地支属午（马）和属未（羊）而得名。秀山羊马节节庆活动以"报菜娘神"和"报羊马神"为主，以"感恩"为主题，规模宏大，民族情感特质鲜明。祭祀活动传承了一方民族共同的文化意识、乡土情结，以及虔诚的民间信奉，具有不可亵渎的厚重的历史性。

康定转山会：四川康定地区的藏族人民将每年农历四月初八的浴佛节，定为转山会。届时藏区群众身着民族服装，汇集到跑马山上和折多河畔。人们先到寺庙里燃香祈祷，焚烧纸钱。然后转山祭神，祈求神灵保佑。转山后，支起帐篷进行野餐，演藏戏，唱民间歌谣，跳锅庄舞、弦子舞，骑手们还进行跑马射箭比赛。在此期间，人们还要举行物资交流活动和其他文化体育活动。

除此之外，还有自贡灯会、三汇彩亭会、秀山花灯、彝族年等国家级非物质文化遗产节庆项目及许许多多省级、市级非遗节庆项目，丰富多彩，趣味盎然。

二、人生礼仪

人生礼仪是一个人一生中在不同年龄阶段所举行的仪式。在人生的历程中，每个人要经历的最重要的礼仪包括诞生礼、成年礼、婚礼、丧礼。诞生礼居于人生四大礼仪之首，几乎每一个民族都传承着一套与妇女产子、婴儿的新生息息相关的民俗事象和礼仪规范。一个婴儿刚出生，还仅仅是一种生物意义上的存在，只有通过为他举行的诞生仪礼，他才会获得社会中的地位，被社会承认为一个真正意义上的"人"。比如，巴蜀地区汉族民俗中就有为初生婴儿剪胎发及与此相关的"三朝礼""满月礼"和处理胎发的一些仪式，并且"三朝礼"是人生礼仪中，表示小孩脱离孕期残余，正式进入婴儿期的标志。成年礼仪是为承认年轻人具有进入社会的能力和资格而举行的礼仪。泸沽湖畔摩梭族、凉山彝族、丹巴嘉绒藏族、阿坝羌族等都有举行民族特色的成年仪式。在诸多人生礼仪中，人们以婚丧为重。结婚礼仪是人生礼仪的一个重要组成部分，它深刻反映了一个民族、地区的心理、习惯、信仰等。丧葬礼仪，是人生最后一次举行的礼仪或"脱离"仪式。出生时的祝贺鞭炮标志着新生命的诞生，而丧礼上的丧钟则是生命的终结。

（一）生育礼仪

旧时信奉"不孝有三，无后为大"。为传宗接代，巴蜀地区的人们往往祈求神灵，盼望早生贵子，因此催生了许多求子习俗。有向观音菩萨求的，更多的人求"送子娘娘"。在川西一带，有称为"娘娘会"的庙会，庙会的主要活动是烧香祈子和演戏娱神。此外，各地还有"抢童子""拴童子""送春牛"、送南瓜祈子、去青羊宫摸青羊等祈子习俗。

生育礼仪还包括催生、报喜、开奶、洗三与打三朝、办满月酒、开荤、抓周、取名、拉保保等。

（二）成人礼仪

成人礼是接纳男女青年进入成人社会，使其承担起人生责任的一种古老习俗的传承。古时男子二十而冠，女子十五而笄，表示成年。现四川部分少数民族地区仍举行成年礼。如四川凉山彝族姑娘步入成年时，都要举行一项既秘密、又热闹的"沙拉洛"仪式，意即换童裙。换童裙和出嫁都是凉山彝族女性一生非同小可的大事。"沙拉洛"仪式一般在15到17岁之间，多在单岁。具体时间由其母亲掌握，具体日子必须请老年人推算吉日佳期，由母亲或长辈妇女主持，并只请女亲戚、女友和老年妇女参加。彝族少女在"沙拉洛"之前，穿的是红白两色的童裙，梳的是独辫，耳朵挂的是穿耳线。"换裙"仪式举行之后，就要穿上中段为黑蓝色的三接拖地长裙，原先的独辫要改梳成双辫，并要戴上绣花头帕，挂上耳坠。换裙仪式结束后，家里就像过节一样喜气洋洋。从此以后，姑娘可以参加一些社交活动，可以自由自在地逛街、赶集、唱歌跳舞，在节日期间抛头露面，寻找意中人，可与相中的青年男子谈情说爱。

丹巴嘉绒藏族至今还完整保留着历史悠久的女子成人礼习俗，成人礼也是一项传统的选美、赛美活动。成人礼一般以自然村落为单位，由活佛或者吉祥老人选择吉日或是农闲时间举行。其仪式分为整头饰、迎接与祝福、同欢共舞三部分。上场前,参赛的女孩们会盛装打扮,她们身着百褶裙、背后饰有五彩哈达、戴有玛瑙珊瑚的项链与耳坠,饰物繁杂而贵重。成人礼在藏语中称为"几萨",是"穿成年新装"的意思。当地汉语又叫"戴角角",意指行成人礼的女孩要扎像牛角一样的发束,造型奇巧别致。小女孩长到 16 岁行过成年礼之后才算长大成人,才能够恋爱结婚。所以,成人礼对每一个嘉绒姑娘来说都是人生历程中的一件大事。

成年礼也是每一个 13 岁摩梭孩子必经的难忘的仪式,摩梭人的成人礼叫作"成丁礼",摩梭语将男孩子的成丁礼称为"哩给(lige)",女孩子的成丁礼称为"毯给(tange)",或又称作"穿裤子"和"穿裙子"。少男少女分别站在正房内男、女柱旁的猪膘和装满粮食的口袋上,由长者为其换上成人的服饰,换装的仪式尤其讲究。女孩先从右脚穿裙子,男孩先从左脚穿裤子;女孩穿裙边绣花百褶裙,男孩穿宽脚长裤。男女上身都穿红色金边大襟衣,扎花腰带;女子头戴缠着彩珠串的"达达线"绕成的假发辫,男子头戴毡礼帽。在经过除秽、敬水神、感恩、降神、请财神、敬山神、锁魂、换装、锁运、安基、谢礼、开坛仪式等一系列繁复而神秘的仪式后,成丁礼就完成了,从此他们开始肩负起家庭和社会的责任,改变年少的生活方式,小伙子与兄长一同住到"草楼"(男儿房)上;姑娘则搬到"花楼"(女儿房),开启神奇浪漫的新生活。

阿坝羌族男性的冠礼亦称"成年礼",夏历八月请端公在家里举行法事,消除不祥。至十月或十二月间,届时亲友围火而坐,一巫师手执杉杆,上挂纸质始祖像,冠礼人着新衣冠,面像下跪;另一巫师持白色公羊毛线系五色布条,围在冠礼人颈上,然后巫师及冠礼人都下跪祷祀,求始祖荫庇。然后由族长叙述祖先历史,再由巫师念经祭祀家中诸神。

(三)婚礼

婚姻是人生大事,喜庆之事,通过一定的仪式来体现这一特点,便成为婚礼民俗。古时婚礼要经过"六礼",纳采、问名、纳吉、纳征、请期、亲迎。在巴蜀地区,传统婚礼习俗有所传承和改进,有传袋、撒谷豆、金盆洗手、交换信物、拜堂、合酒、结发、抛绣球等。随着时代发展，传统婚礼风俗已所剩无几，较有特色的传统婚俗，有彝族婚俗、羌族婚俗、傈僳族婚俗、塘河婚俗、客家婚俗等。

在凉山，婚礼的仪礼过程是彝族文化的大展示和演绎。一桩婚姻的缔结，需要一定的程序，即婚前礼仪、结婚礼仪两部分，每种礼仪过程又有若干程序。婚前礼仪有说媒取婚、定亲行聘、择日定期、节食禁水等程序，每个程序有其相应的仪式内容。婚礼，主要包括背亲、迎亲两大程序。彝族婚礼的举行，只能表明双方结缔了婚姻关系，并不意味着圆房。彝族至今还保持着"不落夫家"的习俗。举行了婚礼的姑娘，不论其年龄大小，必须居住在其父母家。媳妇住在娘家的时间无具体规定，一般为两三年，有的长达三五年或更长，此间，新郎可前往岳父母家与之相会，直到新娘怀孕后，才正式落户夫家。

阿坝羌族婚俗是羌族文化中引人入胜的一部分。传统的结婚仪式复杂而隆重，大致分为订婚和结婚两个阶段。订婚过程分为三步："开口酒"（说亲）、"小定酒"（备酒宴招待女方近亲）、"大定酒"（商定结婚日期）。婚礼前后要操办五天，包括"女花夜"、"正宴"（也作"正酒"）、"谢客"三个仪程。羌族婚礼的程序十分复杂，婚礼的过程很长，往往要持续半年到几年不等。这说明了羌族对婚礼的重视程度，同时也反映出羌族对人生礼仪的投入之大。通过婚礼仪式，使羌族的传统文化得到提炼、升华和传承发展。

重庆市江津区塘河镇始于宋代的"塘河婚俗"礼节繁琐紧凑，场面盛大，具有浓郁的川渝乡土风情，浓缩了西南地区古代婚俗文化。有说媒、做相（订婚）、开庚、出阁、送亲迎娶、闹房、谢媒等十三个过程，每一过程都极具民俗风情，礼节繁多，婚礼过程充满了新郎新娘及双方父母的喜怒哀乐，吹打乐器很有地方特色，筵席酒具有独特的川渝菜肴风味。

（四）丧礼

死亡表示一个人最终脱离社会，标志着人生的终结，亲友以相送为礼。各地都有自己独特的方式和具体做法来表现亲友对死者的哀悼，以缅怀死者。因此，各民族的人都喜欢把丧礼办得热热闹闹。主要流程有准备后事、出煞与报丧、闭敛、披麻戴孝与祭奠、出殡、烧七等习俗，巴蜀各地稍有区别。

■ 项目实训

一、阅读下面的材料，列举婚礼文创产品载体

婚嫁文化是中国式幸福的情感载体，代代相传、生生不息，贯穿于传统民俗文化始终。新中式婚礼是传统中式婚礼的改良版本，既保留了传统婚礼中仪式感很强的部分，又在一定程度上改良了繁杂的流程和互动性较强的环节。并且通过对传统文化的认知，与现代元素进行搭配结合，成为了当代年轻人以及老年人都能接受的婚礼形式。

1. 新中式婚礼的主要流程

（1）接亲：男方到女方家接亲。男方的接亲队伍整合完毕后，带着彩礼，开车或者抬轿子去迎接新娘。接走新娘前，新郎需要向女方家的父母和长辈敬改口茶。

（2）迎新娘：待新娘到达新郎家前，会由一位女性长辈，撑着红伞上前迎接，新娘跨过放置在大门口的火盆，寓意以后的婚姻生活红红火火，随后，新娘需要向男方家的父母和长辈敬改口茶。

（3）婚礼仪式：新中式的仪式流程可以根据个人喜好选择偏中式或西式的环节。通常会举行拜堂、揭红盖头、喝交杯酒等环节。

（4）举办婚宴：婚礼仪式结束后，宾客就可以开始用餐。新娘会换上敬酒服与新郎一起向每桌客人敬酒。

2. 填表格

新中式婚礼，用现代艺术的手法和创新性思维，演绎中国婚嫁文化内涵，深受现代年轻人喜爱。在整个婚礼仪式中涉及的物品繁多，大到整场活动的策划方案，小到服饰发饰、捧花团扇，既有喜糖盒、礼盒等传统实物物品，还涉及电子婚礼请柬等虚拟产品，这些物品无一例外都具备文创开发的可能性。请

在下面的横线中列举出你能想到的婚礼文创载体：

_____

_____

_____

_____

请自选巴蜀地区的文化元素和横线中你列举出的婚礼载体，利用思维导图构思创意，设计一款文创婚品。

二、设计一款节日礼盒

春节、端午、七夕、中秋是我们的传统节日，现在这些传统节日有了更为现代的表达。每逢传统节日，我们总能看到许多的文创产品，比如端午节，既有常规的粽子、香囊、五彩绳，也有富有创意的粽子形首饰、端午盲盒等，各大互联网公司更是推出独具特色的文创粽子礼盒，请你任选一个传统节日，设计一款节日礼盒。

1. 要求

（1）为礼盒设计一个主题。

（2）注意礼盒内产品的搭配。

2. 流程

（1）选择一个传统节日并查阅该节日的传统民俗。

（2）综合考量文化元素的典型性和呈现效果，选择其中的一个或几个文化元素。

（3）运用思维导图的方法思考文化元素的产品载体。

（4）组合产品载体，使其具有统一主题。

（5）开始设计，并修改完善。

（6）条件允许的情况下，可制作成实物礼盒。

■ 学习测评

表 3-1　学习测评表

任务名称	
小组名称	
组长	成员
时间	
项目讨论情况	
项目开展方案与实施步骤	
任务开展中存在的问题及反思	
成果形式	
完成任务评价（得分）	
任务完成情况分析	
优点	
缺点	
存在问题及解决方式	

模块四 舌尖品巴蜀

■ **学习指导**

　　饮食文化是人类不断开拓食源、开发食品、制造食器、消费食物的过程，以及以进食为基础的习俗、思想和哲学，是文化资源的重要组成部分。四川地处西南，位于长江上游，群山盆地环绕、湖泊纵横，气候温和湿润，有着得天独厚的地理环境。四川地区自3000多年前的古蜀国蚕丛、鱼凫时代就开始了地方文化的生发。巴蜀胜地既是文化之都，也是饮食文化名地。尤其是饮食文化，源远流长，颇具地方特色。经过长期的融合与发展，呈现出多元、丰富的格局，享誉世界，成为中国文化的重要名片。

四川饮食文化最具代表性和影响力的当属川酒文化、川菜文化和川茶文化。广汉三星堆发掘的大量酒器证明3000前的蜀人已经具备了较高的酿酒技术;川菜百味,是官方与民间公认的中国最具代表性的八大菜系之一;雅安蒙顶山是我国茶叶的原产地之一,是有文字记载的历史最久远的产茶区。川酒、川菜和川茶的历史传承衍生出别具一格的巴蜀人文,造就了今日四川丰富多彩的产业文化。

■ 学习目标

(1)了解川酒、川菜、川茶的文化渊源。

(2)掌握川酒、川菜、川茶的技艺特点。

(3)能对川酒、川菜、川茶的产业开发项目进行调研与分析。

(4)能撰写调研分析报告。

模块四　舌尖品巴蜀

■ **案例导读**

案例1：沱牌舍得启动诗酒文化战略

2011年12月12日，中国白酒金三角·沱牌诗酒文化名镇建设启动暨遂宁市重点工业项目集中开工仪式将在沱牌舍得生态酿酒工业园隆重举行。此举，标志着遂宁市和四川沱牌舍得酒业在建设"中国白酒金三角"的战略中，迈出了更加坚实的步伐。

四川白酒历史悠久、源远流长，经过几千年的发展，形成了独具魅力的川酒文化。白酒产业作为四川省的支柱产业之一，产量大、品牌多，以五粮液、沱牌舍得、泸州老窖、郎酒、剑南春、水井坊六朵金花为代表的川酒著名企业，为四川打造了一块享誉全国的区域性品牌。"中国白酒金三角"战略，就是通过名酒名镇建设，在全川形成一批文化底蕴深厚、在全国具有较大影响力的名酒名镇，加速推动四川的工业化、城镇化进程。

中国白酒金三角·沱牌诗酒文化名镇建设启动暨遂宁市重点工业项目集中开工仪式，包括酒神曲宗祈福仪式、《大唐文宗》电视剧开机仪式、自动化灌装中心奠基仪式。日前，记者从四川沱牌舍得酒业了解到，启动仪式主会场已经搭建完毕，整个生态酿酒工业园装点一新，准备迎接来自五湖四海的嘉宾和朋友。

【案例解析】

沱牌舍得酒业启动诗酒文化战略的特色在于：

1. 充分发挥文旅融合作用

沱牌舍得依托川酒"六朵金花"的实力和知名度，联手川内其他白酒厂商，共同打造中国白酒黄金产业带，从而提升川酒综合实力，发展成为川酒特色支柱型产业，将遂宁市打造成为以"舍得文化"为特色的沱牌诗酒文化名城。

2. 活动类型丰富多样

沱牌诗酒文化名镇建设启动暨遂宁市重点工业项目集中开工仪式，包括酒神曲宗祈福仪式、《大唐文宗》电视剧开机仪式、自动化灌装中心奠基仪式等主题文化活动。

3. 提炼文旅发展内涵

"中国白酒金三角"战略就是通过名酒名镇建设，在全川形成一批文化底蕴深厚、在全国具有较大影响力的名酒名镇，加速推动四川的工业化、城镇化进程。

案例2：走进川菜博物馆　品巴蜀文化

川菜博物馆作为成都的一张旅游名片，是一座可以吃的博物馆。博物馆内分典藏馆、互动演示馆、品茗休闲馆、灶王祠、川菜原料展示区、川菜原料加工工具展示区等。成都川菜博物馆包含了四川本土文化的重要部分：川菜、川酒、川茶、川戏、川派建筑、川式园林景区，占地约40亩，藏品6000余件，川西民居建筑构成新派古典园林风光。成都川菜博物馆旅游资源十分丰富，有民族文化及其载体、古迹与建筑、人文旅游、旅游购物、休闲娱乐求知五个主类。在成都川菜博物馆中，融入了川菜制作体验等常设体验互动项目。让游客在游览过程中化被动参观为主动参与，在"玩川菜"的过程中全方位感受到川菜文化的无穷魅力。亲手体验制作川菜后，在舒适、典雅的餐厅中品尝、享受自己亲手烹饪的美食，让自己的川菜体验之旅在色、香、味的感官盛宴中再度升华。

【案例解析】

川菜博物馆能够成为成都的一张旅游名片，是一座可以吃的博物馆，它的特色在于：

1. 提炼文化内涵

成都川菜博物馆传承、保护、弘扬了川菜文化,将川菜非遗与文创产业融合发展。川菜博物馆围绕巴蜀地域特色,生动展示了技艺传承。

2. 深挖文化旅游资源

成都川菜博物馆的"文化体验之旅"名扬四方,除了看和听,更能"鼻闻、口尝、动手做"。"漫生活"还原了街头巷尾寻小吃的魅力,十余种川菜美食不限量提供。棋牌游戏、品茗休闲均不限时,游客可以在川式园林里尽情享受山水情怀。

3. 满足游客的好奇心

成都川菜博物馆让游客在游览川菜博物馆的过程中化被动参观为主动参与,在"玩川菜"的过程中全方位感受到川菜文化的无穷魅力。亲手体验制作川菜,感悟"一餐一饭思来之不易",见证灶王文化对食俗和信仰的影响;亲手使用传统工具制作石磨豆花,习得老四川人的生活智慧;现场观看川菜刀功、火候及成菜过程,体验川菜的色香味形器和"一菜一格,百菜百味""五味调和,百味生香"的丰富内涵。

案例3:成都茶文化

成都人民公园北门旁的成都鹤鸣茶馆,始建于1923年,是成都现存、全国历史最悠久的茶馆之一,90年的风雨历程也让它散发着不一样的成都味道。据成都地方志记载,人民公园内共有6个茶社,其他5家命途多舛,有的挪了地方,有的重建了楼宇。唯有鹤鸣茶社几经沧桑,仍保留着原汁原味的老成都茶文化风貌,记载着茶社的变迁和历史。在高档茶楼茶馆林立的今天,鹤鸣茶社是成都最具"川西民风古俗风味"的茶馆之一。

走进鹤鸣茶馆,映入眼帘的便是满满的人群和竹椅。这种老式的竹椅木桌是最传统的成都茶馆风格。茶馆内有几棵参天的大梧桐,也见证着这近百年的历史。

鹤鸣茶馆的茶水也是秉承最传统的烧水方式，设有专门的老虎社。铜质的老茶壶虽然已经换了无数个了，但依旧没使用现代的电加热水壶。带有表演性质的"茶博士"，提着有长长的壶嘴的开水壶穿行在茶客间，殷勤地给茶客倒水，练就的离着茶碗一尺远、稳准地用长壶嘴倒水的技艺，几乎成了各个茶馆伙计的杂耍绝技。

据传说，"鹤鸣"二字的由来是因为大邑有座鹤鸣山，是道家的发源地和张道陵得道的仙境，也是鹤鸣茶的产地。2012年，鹤鸣茶社作为成都市现存、全国历史最悠久的茶馆之一，当选成都市首批历史建筑挂牌保护对象。

【案例解析】

鹤鸣茶社成为成都人慢生活的标志，它的特色在于：

1. 文化元素

鹤鸣茶社几经沧桑，仍保留着原汁原味的老成都茶文化风貌，记载着茶社的变迁和历史。鹤鸣茶社建筑细部完整，外形大气优美，结构复杂，空间布局形式合理，是川西园林建筑发展演变中不可或缺的一部分。

2. 文旅融合

鹤鸣茶社可以窥见不同时代背景下成都人民的生活方式、生活观念及审美的变化。它是成都文化生活重要的组成部分，不仅仅在旅游文化方面产生了巨大的经济价值，在社会文化方面的价值也非常巨大。

案例4：麟凤村以茶产业为基础　大力发展乡村旅游业

蒲江县成佳镇麟凤村位于成都市蒲江县成佳茶乡 AAAA 级旅游景区，全村茶叶种植面积3095亩，森林覆盖率达80%以上，郁郁葱葱的马尾松林，青翠欲滴的生态茶园，色彩斑斓的七彩茶林，田园生态绿道贯穿于茶海松林间。该村先后荣获全国综合减灾示范村、省级乡村旅游重点村、省级乡村振兴示范村、市级"四好村"、市级高品质和谐宜居示范村、AAA级林盘景区、市十大最佳爱情表白地、成渝潮流新地标等诸多荣誉。

麟凤村以茶产业为基础，大力发展乡村旅游业，以茶事体验、手工制茶体验、采茶体验、茶艺表演等为主线开展了蒲江小调、快闪、我穿汉服走成佳、健步走、书画摄影展、马拉松、亲子科普体验游等活动，营造良好的人文环境，创建乡村美学生活，结合现代生活美学，通过非遗传承人现场展示和讲解，引导游客了解非遗，探索文化遗产的活态传承，让非遗技艺焕发新生。

【案例解析】

麟凤村以茶产业为基础，大力发展乡村旅游业。它的特色在于：

1. 提炼文旅发展内涵

四川茶文化历史悠久，资源丰富，茶文化旅游的开发已经取得初步成效。随着旅游消费方式的不断变化，四川茶文化旅游已成为新兴产业。鼓励提倡各乡镇根据实际情况，以文化为载体，促进文旅融合发展，将蒲江县的茶叶、名特产、农副产品、美食、非遗产品推广出去。

2. 发挥文旅融合作用

麟凤村以茶产业为基础，大力发展乡村旅游业，充分发挥"旅游业+"的融合发展模式，推进乡镇经济发展。

■ 案例思考

（1）说一说巴蜀地区的美食，并绘出一幅美食地图。

（2）巴蜀地区代表的酒博物馆有哪些？都有什么特点？

（3）四川茶文化历史悠久，资源丰富，以"茶文化"为主题开发的旅游景点有哪些？

（4）想一想巴蜀地区的乡镇将如何发展饮食文化，从而带动经济发展。

知识讲解

一、川酒

四川酒业闻名全国，以五粮液、泸州老窖、郎酒、剑南春、全兴大曲酒、沱牌曲酒"六朵金花"享誉世界，丰谷、文君酒、江口醇、高洲酒等后起之秀已成长为四川就业的支撑力量。

图 4-1　川酒六朵金花手绘图

五粮液：五粮液产自宜宾，拥有 3000 多年的酿造历史。从盛唐时期的重碧酒，到宋代的姚子雪曲、明初的杂粮酒，五粮液传承已逾千载，以"香气悠久，味醇厚，入口甘美，入喉净爽，各味谐调，恰到好处，酒味全面"的特点闻名于世。

泸州老窖：泸州老窖产自泸州，是中国最古老的四大名酒之一，被称为"浓香鼻祖，酒中泰斗"。其"1573 国宝窖池群"于 1996 年被评为行业首家全国重点文物保护单位，2006 年又入选首批国家级非物质文化遗产名录，故其有"双国宝单位"之誉。泸州老窖特曲以"窖香浓郁，清冽甘爽，回味悠长，饮后尤香"的特点闻名古今，具有"浓香、醇和、味甜、回味长"四大特色。

郎酒：郎酒产地为古蔺县，始酿于清末，从"絮志酒厂""惠川糟房"到"集义糟房"的"回沙郎酒"，距今已有 100 多年历史。

剑南春：剑南春产地绵竹，前身剑南烧春是正史记载的大唐御酒，唐朝时剑南春荣膺"大唐国酒"并被录入《唐国补史》《后唐书·德宗本纪》，成为唯一被载入正史的当代中国名酒。

全兴大曲酒：全兴大曲酒的酿造技术经过历代不断改进，已经形成了一套完整的操作工艺，酒的风味独具一格。由于酒质佳美，在当时众多名酒中首屈一指，享有很高的声誉，因而至今沿用其名。

沱牌曲酒：沱牌曲酒产地射洪。射洪酿酒历史悠久，早在唐代就酿有名酒。诗人杜甫宦游此地时，曾作诗云"射洪春酒寒仍绿"。射洪泰安作坊始建于唐代，是首批中国食品文化遗产、中国酒文化的活文物。沱牌曲酒传统酿造工艺被评为国家级非物质文化遗产。

（一）川酒的历史

四川酿酒历史至少可追溯到 3000 多年前的古蜀国，广汉三星堆遗址出土的众多酒器充分证明了蜀人酿酒历史的悠久。东晋常璩《华阳国志·蜀志》载九世开明帝"始立宗庙，以酒曰醴，乐曰荆，人尚赤，帝称王"。秦汉时，四川因有都江堰水利工程的灌溉，成为物产富饶、水旱从人的"天府之国"。充裕的五谷食粮，为酿酒提供了丰富原料，使酿酒业快速发展起来。隋唐时期，四川城市商业经济的繁荣以及丰富的自然资源促进了四川酒业的发展。到宋朝时，酒税已成为四川财税的最大来源。据史料记载，宋代时，蜀中知名的酒品主要有锦江春、鹅黄酒、昌陆酒、郫筒酒等。元代朝廷实行酒禁，但唯独不禁四川。明代时，除成都外，泸州和宜宾两大名酒产地已经形成，各大酿酒作坊蓬勃发展。清代四川酿造工艺日趋成熟。

（二）酒的文化渊源

酒是一种非常奇特而又富于魅力的饮品。无论喜宴、庆功、接风、还是祭奠、祈福、消愁、解闷，几乎都离不开酒。中国的酒醇厚芬芳，味美无比。中国的酒文化同样十分发达，它深深地植根于民族文化的沃土之中。中国人的饮酒，通过对饮人、饮时、饮地、饮趣等追求，糅合了诗歌、书画、风俗等方式，把物质享乐的酒升华为更高级的精神享乐，通过饮酒来影响人们的观念、感情、行为、人际关系，从而创造出了颇具浪漫色彩的生活意境和文化氛围。

（三）川酒产业

四川省白酒产业在全国具有比较优势，整体实力稳居第一。2017年四川白酒企业通过创新营销模式、加强企业管理、改善生产经营，全年实现产量430万吨，完成主营业务收入2470亿元，实现利润290亿元，产业总体规模居全国第一。近年来，四川省依托"六朵金花"，通过名酒、名镇建设，构建了"川酒+旅游业"的融合发展模式，打造了一批具有国际水准、承载名酒文化的白酒名城、名镇。比如以中国农耕文化为特色的五粮液历史文化街区，以川南民居建筑风格和泸州老窖文化为特色的黄舣镇，承载郎酒文化、以永兴村为核心的二郎国际白酒名镇，以盛唐建筑和剑南宫廷酒文化为特色的剑南镇，以川西风格的老街老巷、酒馆酒亭为特色的水井坊街区，以舍得文化为特色的沱牌诗酒文化名镇，以大巴山文化、红色文化为特色的江口镇，融入了中国西南传统建筑装饰元素的亚洲第一座白酒庄园——文君庄园，等等。

二、川菜

川菜是四川知名度最高的特色文化品牌，是中国传统四大菜系之一，拥有深厚的文化底蕴和巨大的消费人群，在国内外享有盛誉。广大群众喜闻乐见的川菜菜品有夫妻肺片、鱼香肉丝、麻婆豆腐、回锅肉、水煮肉片、东坡肘子、川味火锅等。

（一）川菜的历史

川人喜欢辛辣的食物，已经有很长的历史。两千多年前的《华阳国志》里就有"蜀人好滋味，尚辛香"的说法。喜欢辛辣鲜香，是川人菜肴的风格和特色；而对菜肴味道与口感的痴迷，就是千秋川菜一脉相承的灵魂。尽管现代川菜的出现和成形，只有短短一百多年的历史，在中国的八大菜系中只是一个新秀，但是，两千多年前的"麻、辣、甜、咸、酸、苦"这六个字，早已概括了川菜的基本品质。川菜"百菜百味，一菜一格，擅长麻辣"。麻辣，是川菜风行天下最大的特色。西汉文学家扬雄的《蜀都赋》对川菜进行了详细的介绍，列举了近 70 种烹饪原料。唐宋时期，得益于四川尤其是成都平原的经济发达与商贸繁荣，川菜蓬勃发展，唐代大诗人杜甫在诗中描述四川"江鱼美可求"，称赞川人善于烹鱼，岷江的丙穴鱼，长江三峡的黄鱼，绵阳一带的鲂鱼、鲤鱼等均味美肉嫩，食之令人口齿留香。巴蜀好烹饪、喜美食的地域风习也熏陶培养出了大文豪苏东坡这样的美食家，"东坡肉""东坡肘子""东坡墨鱼""东坡羹"等著名菜肴相传都与他有关。南宋著名诗人陆游入川为官，也深深地为川菜所折服，他在诗歌《饭罢戏作》里介绍了自己用猪排骨、橙汁、薤泥等原材料制作美食的情况。川菜于明清时期走向成熟，一方面，"湖广填四川"的移民推动了川菜的兼容并蓄，另一方面，川菜还积极引入原产自美洲的原料，如红薯、马铃薯、玉米、辣椒等，博采众家之长而自成体系。改革开放以后，川菜广泛地向世界传播，菜品风格更趋多样化、个性化和时髦化。

（二）川菜流派

川渝两地对于川菜的发扬是缺一不可的。毕竟，川菜在 1979 年第一次非常正式地走出中国内地时，成渝两地厨师各出精英，正好是各占一半，平分秋色。一方山水养一方人，成都平原的"娃儿"，温和；重庆山城的"崽儿"，耿直。不同的性格，也藏在了味道中——以码头文化为主的重庆，菜品更粗放、大气，创新大胆，对调味的使用更为极端；以休闲文化闻名的成都，则诠释了"官府菜"的特征，对菜品要求精细，口味更丰富、平和。同样是面条，重庆喜欢有汤而成都没汤，重庆小面更麻辣，成都担担面佐料更多；同样吃火锅，重庆锅底爱九宫格，偏麻辣，四川锅底更温和，偏香辣；再比如，同样是吃粉，重庆人爱吃酸辣粉，而成都人爱吃肥肠粉，正是因为两者各有风格，才带来了川菜多姿多彩的口味。

(三)川菜的制作技艺

川菜以麻、辣、鲜、香为特色,以擅长调味而闻名,在麻、辣、甜、咸、酸、苦6种基本味型上,以辣椒、胡椒、花椒、豆瓣酱等为主要调味品,调配出麻辣、酸辣、椒麻、鱼香、怪味等复合味型,最终形成"一菜一格,百菜百味"的风味。

郫县豆瓣的生产已有一百多年的历史,正宗的手捶豆瓣在高温下不会变色,能保持其鲜艳的原色。郫县豆瓣是红汤火锅中最重要的调味料,用在汤卤中能增加鲜味和香味,使汤汁浓稠红亮,具有温醇辣味。特别是用郫县豆瓣烹制的回锅肉、豆瓣鱼、麻婆豆腐等,具有浓郁的四川风味,被公认为是川菜家常味中的代表。郫县豆瓣是重要的川菜烹饪佐料,被誉为"川菜之魂"。郫县位于四川省成都平原中部,境内盛产胡豆(蚕豆)和辣椒。明末清初,一位陈姓人士流落四川,在特殊情况下将发霉的胡豆瓣与辣椒拌食,竟发现滋味奇佳。陈氏家族落户郫县后,开始经营酿造业。郫县豆瓣富有营养价值,在川菜文化中占有一席之地,其传统酿造技艺应得到很好的继承和发扬。

(四)川菜产业

近年来,四川省采取了多种措施大力推动川菜产业转型发展。2011年四川编制发布了《2012—2015年川菜产业发展规划》,提出通过三年努力,使川菜产业发展环境更加优化,产业规模明显扩大,企业集中度和竞争力明显提升,产业整体实力明显增加,成为商贸流通服务业发展的重要支柱,成为推动经济结构转型升级、扩大内需、吸纳就业、带动相关产业发展的重要载体,宣传四川的重要名片,建设西部地区最重要的入境旅游目的地的有力支撑。

四川从川菜产业链的前端、中端、后端入手,大力引导川菜行业树立绿色环保、安全理念,积极推动川菜原辅料绿色化、加工制作绿色化、消费服务绿色化和餐厨垃圾处理绿色化。强化对农副产品质量的安全监管,从源头上保证川菜食材的安全卫生。引导川菜餐饮企业严格采购环节管理,建立并落实食品、食品添加剂及食品相关产品采购索证索票、进货查验和采购记录制度，鼓励餐饮企业建立先进的食品安全管理体系，遵守餐饮服务食品安全操作规范，确保食品安全。

在川菜空间布局和产业导向方面，四川重点打造成都平原中心川菜区、长江流域特色川菜区、川东北特色川菜区、川西北藏羌特色川菜区、攀西亚热带特色川菜区，大力培育壮大龙头企业，实施品牌战略，发展连锁经营模式，努力开拓国内外市场，不断扩大产业规模。同时，鼓励行业大胆创新，不断研发品类丰富、特色鲜明、时尚美观、具有浓厚文化韵味的川菜衍生产品，开发具有人文色彩的东坡菜、大千菜、三国菜等各种系列的菜品，结合青城山、峨眉山作为道教、佛教圣地的优势，开发道教、佛教素食菜品。

在开拓国（境）外餐饮市场方面，四川充分发挥川菜作为全国著名地方菜系的强大影响力，培养川菜大师、名师，开发特色名菜，争创餐饮名店，以名师、名菜、名店推动川菜品牌建设，进一步强化川菜的整体品牌效应，将整个川菜产业打造成全国餐饮业中的名牌、精品。引导川菜企业树立品牌意识，支持川菜企业开展品牌建设，鼓励企业争创"中国驰名商标""四川省著名商标"等，加快培育具有自主知识产权的川菜知名品牌。

同时，四川积极推动"互联网+餐饮"模式创新发展，鼓励川菜企业进行信息化升级，提供网上推广、在线订餐、电子支付、美食鉴赏等服务，创新营销模式和服务方式，引导川菜"走出去"。鼓励有条件的企业在美国、日本、新加坡、韩国等国家和中国香港等地区开设连锁门店。

三、川茶

四川是茶树的原产地之一，也是人类饮茶、种茶、制茶的起源地之一。四川茶产量位居全国前列，自古就有"蜀土茶称圣"的美誉。

图 4-2　白茶萎凋图

（一）川茶历史

《四川茶叶》称：公元前 1000 多年的西周初期，巴蜀地区的园庭中有人工栽培的茶树。到秦汉时代，巴蜀栽培茶树渐多。唐代《茶经》统计，全国产茶地共 31 州，四川有 8 州，包括今天的彭州、绵阳、眉山、邛崃、雅安、泸州、崇州、广汉等地。宋代大文豪苏轼也曾道："邛、蜀、彭、汉、绵、雅等人户以种茶为生。"

四川不但种茶时间最早，而且拥有如今见于记载的最早的名茶。《华阳国志》载，汉晋时期"什邡县山出好茶"，"南安、武阳皆出名茶"。李肇的《唐国史补》称唐代"茶之名品益久，剑南有蒙顶石花号为第一"。明末清初，四川茶产量高居全国首位，年产量达 3000 万斤左右。

川茶也是历朝历代四川与外地进行贸易的主要商品，史载早在公元前 316 年，川茶就已经开始向中原输出。秦国统一天下后，四川的种茶技术及饮用方法通过剑阁栈道向当时的政治、经济、文化中心陕西、河南等地传播。四川茶商还通过茶马古道将川茶运送到西藏、云南等地。海运路线开通后，四川的茶叶等土特产经广东被运送至东南亚和印度南部等地。

四川也是全国最早饮茶的地区之一，在西汉时期，今四川资中县域内就有人"烹茶尽具",这也是全世界最早的关于烹茶的记载。今天的四川人依然延续了饮茶的习俗,仅成都就有茶馆3000多家,位居全国前列。

(二)四川名茶

四川名茶有蒙顶茶、文君绿茶、南路边茶、峨眉毛峰、川红工夫等。

1. 蒙顶茶(蒙顶甘露、蒙顶黄芽)

蒙顶茶是中国传统绿茶,因产地为蒙顶山而得名。蒙顶山位于四川省雅安市,年平均气温14.5℃,年降水量2000～2200mm,常年细雨蒙蒙、烟霞满山。这种生态环境,能减弱太阳光直射,使散射光增多,有利于茶叶中合氮物质的形成。《中国茶叶大辞典》载:"雅安蒙顶与绵竹赵坡茶、峨眉白芽并称珍品。"蒙顶茶的汤色碧清微黄,清澈明亮,滋味鲜爽,浓郁回甜。相传西汉时,甘露普惠妙济大师吴理真,"携灵茗之种,植于五峰之中"。吴理真在上清峰栽了七株茶树,茶树"高不盈尺,不生不灭,迥异寻常",被人们称为"仙茶"。久饮该茶,有益脾胃,能延年益寿,故有"仙茶"之誉。

2. 南路边茶

南路边茶,又称黑茶、乌茶、边销茶、南边茶、大茶、雅茶、藏茶,产于四川省雅安市,是黑茶的一类,距今已有1300多年的历史,被誉为"西北少数民族生命之茶"。清朝中叶,"茶引制"改为"招商引岸制",雅安及周边产茶县的口岸"批验所"设打箭炉(康定),因成都到该口岸须出南门,遂称此路所产茶为"南路茶",南路茶绝大多数边销,故又称"南路边茶"。其从唐宋时就开始传承,形成一套独具特色的制作技艺和标准。南路边茶的制作技艺主要分为采割、初制、成品茶加工三个部分。目前,一些工艺被完整保留下来,并被改良完善。但很多手工操作的工具和用具正在消失、变异,能操作使用的人也越来越少。

3. 峨眉毛峰

峨眉毛峰产于四川省雅安市雨城区凤鸣乡。原名凤鸣毛峰,现改为峨眉毛峰。是近年来新创制的蒙山地区的名茶新秀。其成品条索紧卷，嫩绿油润，银芽秀丽，白毫显露，香气鲜洁，滋味浓爽，汤色微黄而碧，叶底嫩绿匀整。该茶销于北京、天津等大城市，出口香港等地区和日本等国家。

（三）川茶产业

四川是我国栽培茶树最早的地区，早以盛产茶而闻名于世。西汉时期，吴理真在蒙顶山发现野生茶的药用功能，于是，他开辟茶园种植茶树，蒙顶山成为世界茶树栽植的发源地。四川拥有丰富的茶文化旅游资源。时至今日，四川茶叶产业成为四川十大优势种植业之一。峨眉山的禅茶文化、青城山的道茶文化、雅安的藏茶文化、蒙顶山茶文化、成都的茶馆文化早已名声在外。仅以雅安地区为例，雅安的茶叶种植面积达全市可耕种面积的50%以上，优越的自然生态，成片的茶园风貌，为雅安生态茶文化旅游发展提供了不可多得的资源。仅名山县茶企就多达1000余家，名山县确立了"旅游兴区、茶业富区"的战略，兴起了以种茶、卖茶、看茶、采茶等特色生态茶的文化旅游路线，策划了蒙顶山景区、中国茶都等一系列茶文化旅游项目，形成了独特的"茶文化风景线"。四川对茶山景区、茶乡生态观光、茶文化博物馆、茶文化遗址、茶艺茶俗、茶馆、茶商品和"茶家乐"等文化旅游资源的开发已初显成效。

■ 项目实训

一、阅读下面的材料，策划以"酒文化"为主题的文化场馆

6月22日，菊坡亭酒文化会馆在仙村镇仙村一路161号举行开业庆典。这意味着，仙村镇街坊也有了一个可以品酒论道的文化场馆。

走进该文化会馆，入目尽是古色古香的家具和装饰品，一股浓郁的白酒香味扑鼻而来。前来参加开业庆典的街坊们，一边试喝菊坡亭白酒，一边忙着拍照留念。"这种白酒又香又甜，我准备买两斤回去与家人一同品尝。"街坊黎先生说。此外，活动还邀请了书画家佟来顺现场挥毫泼墨并赠送作品，吸引了不少街坊驻足观看。

该文化会馆创始人刘建均介绍，菊坡亭白酒是以优质的增城丝苗米为原料，配以甘洌的百花林山泉水，采用传统工艺酿造而成的原浆米香型白酒，入口绵甜醇厚、回味悠长，独具增城风味，乃百年佳酿。菊坡亭酒文化会馆是为各地消费者感受菊坡亭白酒文化而创立的，往后将推出"菊坡亭白酒+旅游"特色活动，助推仙村镇旅游业发展。

要求：

（1）运用思维导图的方法思考"酒文化"元素的产品载体。

（2）会馆的风格、环节应与主题相符。

二、阅读下面的材料，为四川辣椒产地设计平面宣传海报

天下人说起辣椒，首先提到四川，一是因为川菜走红全国，二是有了花椒相伴，麻辣为四川独有，三是四川人烹制辣椒的手法丰富，让辣椒的魅力呈现得淋漓尽致。到了县城或者乡下，许许多多的人家门口，都红红辣辣的一片，挂着一串串干辣椒，他们依然在老日子中，享受着红辣椒的鲜辣火热。请以辣椒为主题，为四川某辣椒产地创意设计平面宣传海报。

要求：

（1）综合考量四川文化元素的典型性和呈现效果。

（2）为海报撰写一句话的宣传标语。

三、请从青城山的道茶文化特色、历史地位，青城雪芽的特色与价值，以及成都的文化特色等方面，为青城雪芽进行产品包装设计

要求：

（1）清晰阐述产品包装背后的道家文化内涵。

（2）阐述产品包装的核心创意。

（3）画出产品包装设计初稿。

（4）写出一句话的产品文案。

■ 学习测评

表 4-1　学习测评表

任务名称			
小组名称			
组长		成员	
时间			
项目讨论情况			
项目开展方案与实施步骤			
任务开展中存在的问题及反思			
成果形式			
完成任务评价（得分）			
任务完成情况分析			
优点			
缺点			
存在问题及解决方式			

模块五 指尖造巴蜀

■ **学习指导**

巴蜀地区早在秦汉时期,就以高超的传统手工技艺闻名于世,其手工制品也成为巴蜀地区国际交流与经济往来的贸易品。成都地区非遗"五朵金花"(蜀锦、蜀绣、漆器、银花丝、竹编)具有厚重的文化底蕴、精湛的技艺,以及精美绝伦的作品。时至今日,成都许多地名仍以此命名,如:濯锦街、锦里、锦江等。

■ **学习目标**

(1)了解巴蜀地区的非遗传统手工艺。
(2)掌握成都漆艺、成都糖画、竹编的历史渊源及工艺特色。
(3)掌握成都漆艺、成都糖画、竹编的制作流程。
(4)能对传统手工艺项目进行纹样设计与开发、活动及品牌策划。

案例导读

案例 1：成都漆器进课堂

成都市青少年宫非遗亲子体验班开设了成都漆艺专题课程。课程中除了理论讲述漆器的历史和工艺，还安排了彩绘和蛋壳镶嵌等实践课程。学员年龄覆盖面极其广泛，小到学龄前儿童，大到退休后的老人。通过知识讲解、动手制作，来深层次理解 2006 年就获颁首批国家级非遗、2018 年又入选首批国家传统工艺振兴目录的成都漆艺。课程老师认为"我们只有让孩子们知道我们曾经有什么，他们才有更多想象去思考未来还能做什么"。在体验中，家长也产生了浓厚的兴趣。

成都胜西小学开设了"仿漆文创特色校本课程"。成都市胜西小学毗邻成都漆器厂，有独特地理优势，从 2010 年以来，学校一直将成都漆器作为小学美术课堂深挖的美育资源，依托地域优势、历史底蕴、艺术风格和文化内涵，着力打造"一校一品"的特色校园文化。

【案例解析】

漆器进课堂这类活动的开展，既丰富了孩子们的校园课余生活，又让其感受到了本土优秀传统文化，提升了艺术素养与文化自信。在实践操作的过程中深入挖掘成都漆器的文化特色和美学元素，将废旧瓶罐、七巧板、小板凳、手机支架、木盒等生活物品进行美化装饰，创造出了一大批精美的仿漆文创作品。切实将孩子们转化成为非遗传习传播和享用的主体，进一步加强了孩子们对中华优秀传统文化的认同和保护非遗的自觉，推动形成了保护传承非遗的浓厚氛围。让漆器不再是遗产，逐渐走入寻常百姓家，走入大众的日常生活。

案例 2：当糖画遇上三星堆

2021 年"五一"小长假，三星堆博物馆持续火爆。截至 5 月 1 日 16 时，三星堆博物馆"五一"假期第一天接待游客超 15 000 人次。博物馆内，糖画艺人汤师傅根据青铜神树、大立人、黄金面具等文物造型绘制糖画，引来众多游客围观，成为三星堆博物馆内的又一热点。汤师傅说，糖画虽是一门有着悠久历史的技艺，但也要紧跟时代发展，不断创新。

"以勺为笔，糖稀为墨"，看似简单的糖画，除了熟能生巧外，背后都是糖画艺人精妙的绘画构思。糖画艺人汤师傅做糖画几十年了，三星堆遗址考古新发现成为社会热点，汤师傅便由此萌生了制作三星堆文物造型糖画的想法，于是他参照图片摸索造型，观察模样和细节。糖画与三星堆会碰撞出怎样的火花？汤师傅欣然同意露上一手——一把满盛金色糖稀的勺子便是画笔，在汤师傅手中宛笔走龙蛇，仅几笔勾勒，一只金面具就画好了。相较而言，画青铜大立人就要复杂一些，汤师傅先用线条勾出轮廓，再以糖代墨填色，最后细节处用刀按压。围观游客纷纷称赞，直言"被萌到了""舍不得吃"。

【案例解析】

糖画虽是一门有着悠久历史的技艺，但也要紧跟时代发展，不断创新。三星堆遗址考古新发现成为社会热点，制作三星堆文物造型糖画，让成都糖画与三星堆碰撞出不一样的火花。

一边是国家级非遗项目成都糖画，一边是神秘的古蜀文明，可以"吃"的三星堆文物，既是非遗技艺的传承，又是跨越千年的文化对话。

随着三星堆文创版图不断扩大，文创产品销量也急速上涨，让此前形象"高冷"的三星堆博物馆成功"破圈"。随着文化和旅游不断融合，使得非遗加速进入百姓视野、融入百姓生活。非遗文创作品进景区，成为提升游客体验、打响旅游品牌的新途径。成都糖画也借机实现了一次技艺和内涵的提升。

案例3：道明竹编助力乡村振兴

陆游曾云"竹里房栊一径深，静愔愔。乱红飞尽绿成阴，有鸣禽"，这是对古代崇州的写照。传说从前崇州更是有着"家家有流水、户户有竹编"的盛况。近年来，崇州竹编被列入国家级非物质文化遗产名录代表性项目。

道明·竹里位于市区 50 余千米的道明镇，在乡郊田野上盘旋着的"∞"字型建筑是由上海创盟国际建筑设计的，该建筑获得了城市空间创意设计类金奖、四川十大文旅产业地标、"天府旅游名牌"等奖项，并在第 16 届威尼斯国际建筑双年展中代表中国（国家展）展出。道明镇以竹里为核心，开展乡村振兴建设，每年都吸引了许多海内外游客前来参观游览。

近年来，崇州依托中央美术学院强大的师资，借助"艺术点亮乡村"的理念，将合作社、村集体和传承人等平台整合，实现了竹编在设计、加工、制作包装等领域的完整产业链规范化运营，使传统手工艺品完成迭代升级，具备了文化创意包装、景观建筑制造和场景空间营造的能力。

【案例解析】

随着习近平总书记"绿水青山就是金山银山"理念的提出，近年来各个地方通过探索农商文旅体融合发展，把"绿水青山"的生态资源转化为"金山银山"的发展动能，实现农民致富增收、城市融入公园。道明竹艺村作为国家 4A 级景区，是成都建设美丽宜居公园城市的一个缩影，依托文旅融合发展，实现了从脱贫攻坚到乡村振兴的华丽转身，成为"网红打卡地"和国际范新农村。

传统手艺作为传统文化的重要组成部分，蕴含着中华民族的文化价值、思想内涵和实践经验。道明竹编与高校的合作，旨在实现高校与传统工艺产业之间的交流与合作，形成相互融合、互利互惠发展新机制，实现研究院建设学术新高地，引导传统工艺行业发展的工作目标，有助于推动传统工艺提升传承实践活力，融入现代生活，弘扬中华优秀文化，彰显民族文化自信，提升中华民族文化"软实力"，同时加快探索符合时代需求工艺创新的竹编传承新路径、新模式。

■ **案例思考**

（1）传统漆器如何走进现代人的生活中？

（2）成都糖画除了传统的花鸟虫鱼、飞禽走兽、戏曲人物外，还可以创作出哪些类别？如何将糖画技艺进行文创衍生？

（3）在蜀地的文化资源开发中，如何将竹编工艺进行在地文化结合并推广？

■ **知识讲解**

一、漆光艺彩——成都漆艺

漆艺是一门具有浓郁东方民族性的艺术，更是中国古代在工艺和工艺美术方面的重要发明。成都漆器早在汉唐时期就被誉为"蜀中之宝"。四川因其气候温和，盛产"成口爽"（天然漆）等良好的物质基础，形成独具特色的成都漆艺。成都漆器又称"卤漆"，与福建脱胎漆器、扬州漆器、平遥推光漆器并称中国四大漆器。成都漆器工艺众多，做工细腻，被誉为"雕镌知器，百伎千工"。2006年5月20日，成都漆艺经国务院批准被列入第一批国家级非物质文化遗产名录。

（一）历史渊源

成都漆器历史悠久，发轫于商周时期，兴盛于唐，绵延于宋、明、清并不断发展。

早在3000多年前的古蜀时期，成都漆艺就已经达到了很高的水平。2000年成都商业街蜀王船棺中出土的漆器色彩亮丽、纹饰斑斓，虽历经千年，仍光洁如新、亮可鉴人。

战国时期，四川因盛产漆器的原料——漆和朱砂，成为了著名的漆器制作中心，春秋战国时期的漆器曾大量出土于荥经和青川墓地，且出土的漆器种类多为日常生活用品，如漆盘、漆梳、漆盒等。此时成都漆器已经遍布全国各地。正如《史记》所言，"木器髹者千枚""漆千斗"。

两汉时期，成都漆器已经开始独步天下。三星堆出土的雕花漆木器，以木为胎，外施土漆，木胎上还雕有镂孔，表面装饰精美图纹。

在五代时，成都的金银镶嵌漆器已经达到相当高的工艺水平。从王建墓出土的漆器中可以看出当时的漆艺水平很高。

成都漆艺在唐代时达到了几乎无法超越的高度，有用稠漆堆塑成型的有凸起花纹的堆漆；有用贝壳裁切成物象、上施线雕并在漆面上镶嵌成纹的螺钿器；有用金银花片镶嵌而成的金银平脱器；等等。这些充分显示了当时成都漆器的高超技艺。

明清时期，成都已经成为了全国雕漆填彩漆器产地之一，成都漆器的种类达到14类，有一色漆器、罩漆、描金、堆漆、填漆、雕填、螺钿、犀皮、剔红、剔犀、款彩、戗金、百宝嵌等。

发展到当代，成都漆器已经形成了自己独特艺术风格，深受人们的喜爱。传统漆艺制作的手工性和艺术性决定了成都漆器不能采用机器大规模生产，只能通过口传心授的方式传承。近年来，在传统与现代的夹缝中，成都漆艺正面临巨大的生存危机，制作者后继乏人，许多技法面临失传，但是随着国家政府的重视以及相关人员的努力创新、宣传和培育，也一直有新血液加入这个行业并扎根其中，这些都使我们看到了成都漆艺文化继续发展的希望。

（二）工艺特色

成都漆器以天然生漆、实木为原料，胎体不拘，做工讲究，是集艺术性和实用性于一体的手工制品。它以精美华丽、富贵典雅、光泽细润、色彩亮丽著称，它既可高悬于庙堂之上以彰显华贵，又可充当精致耐用的日常用品。成都漆艺讲究雕刻、绘画等修饰手法，形成了极具地域特色的"三雕一刻"（雕银丝光、雕花填彩、雕漆隐花和拉线针刻）隐花变涂等工艺手法，在漆器艺术中独树一帜。成都漆艺中的雕填工艺、锡片平托都具有大方典雅、温润细腻的特点，观之给人大度而素雅的美感享受。成都漆器是历史习俗的重要见证者，也是中国传统审美观念的重要载体。

图 5-1 雕银丝光作品

图 5-2 杨莉尔倩老师示范雕花填彩技法

(三)制作工具

有雕刀、拉刀、铁笔、勾线笔(不同大小)、晕笔、刮刀、镊子、大漆、漆粉、松节油、桐油、砂纸、剪刀、聚氨酯、亮粉等。

(四)工艺流程

成都漆艺工序繁多,制作细致,耗时长久。完成一件漆艺作品,需要经过上百道细小的工序,最少也要 30 道工序。而要完成从木头变成漆器的蜕变,需要数月的时间。以雕填手法制作为例,首先得设计胎样和装饰图稿,然后是制作木胎,经漆工反复多次上灰、刷底漆、打磨后,涂上几道推光漆,每一道都须干后研磨。第二步是雕填,先将设计好的装饰图稿拷贝到胎体上,用刀雕出阴刻的画面,然后用小牛角刀将调制好的彩漆刮入阴纹,干后再用细砂纸研磨,让纹路与漆面齐平,这一步也可以在雕刻的阴纹中贴金银箔,再罩上多层透明漆,并研磨。第三步是推光、揩清,方法就是涂上推光漆,干后研磨,再用头发或棉花沾植物油摩擦,经多次清抛光使漆器表面光泽华丽。

图 5-3 《绣球》

(五)漆艺传承人

1. 宋西平

宋西平,女,汉族,1951 年 10 月生,四川省成都市人,2007 年 6 月入选为第一批国家级非物质文化遗产项目代表性传承人,也是成都漆艺最具代表性的大师。

1972年，刚过20岁的宋西平，和另外6名女孩一起进入研究所学习漆艺，宋西平主要跟随擅长雕工的成都漆艺大师陈春和学习。四十几年的漆艺生涯，从上灰、打磨到上漆，再到雕、嵌、描、绘、堆、帖，宋西平都已经熟记于心。由于漆艺工作辛苦、收入不高，当初一起学习的女孩们多已放下这门技艺，而宋西平则用时间、热情和勤奋积累出精湛的技艺，成为当之无愧的成都漆艺第一人。其代表作品有漆画《文君听琴》、漆盒"雕锡鲤鱼大攒盒""雕花填彩大漆圆盒"。

在宋西平的工作室里，有一些作品就是她仿马王堆漆器制作的。在一只仿制马王堆云纹漆盒的器皿上，黑色为底，并以红色、金色勾纹，鱼、凤、云图案简洁、沉静，展示着独特的古蜀文化。2011年至2017年，宋西平花了7年时间，完成了一对雕漆隐花云气纹漆钫的制作。这对漆钫的原型，就是马王堆汉墓的云纹漆钫酒器。

2. 杨莉

杨莉，艺名杨莉尔倩，女，满族，1949年1月出生，四川省成都市人。从事传统漆器事业45年。现为中国工艺美术大师、中国工美行业艺术大师、中国传统工艺美术大师、中国非物质文化遗产"成都漆艺"传习所所长，传承人。为传承与发展成都漆艺这一特种工艺，杨莉先后开办了多期漆艺学习班，培养徒弟数十人。还在成都市特殊教育学校职业高中部开办了漆艺专业学习班，到大专院校举办专题讲座。她的工作室被四川大学、四川师范大学等院校定为校外非遗美育培训基地。其作品载入《中国现代美术全集·漆器》《中国工艺美术大师精品集》《中国手工艺·漆艺卷》《中国漆器美术史》《中国当代民间工艺名家名作选粹》《百花杯中国原创工艺美术精品获奖作品集》等典籍。

图 5-4　杨莉尔倩老师示范锦鲤的画法

二、可观可食的非遗技艺——成都糖画

"勺为笔，盘做纸，糖成墨"，集绘画技法和微塑手法于一体，自成一派画技，这就是在四川省成都市及周边巴蜀大地的民间流传着的一种独特的手工技艺——糖画。糖画是用融化的糖汁来做出的精美画作，亦糖亦画，可食可观，民间又称作"倒糖饼儿""糖粑粑儿""糖灯影儿"等。成都糖画是集民间工艺美术与美食于一体独特的传统手工技艺。如今，糖画的魅力得到越来越多人的认可和关注，成都糖画被列为国家级非物质文化遗产代表性项目糖塑的扩展项目。2008 年，其被列为第二批国家级非物质文化遗产名录。

图 5-5 头盘

图 5-6 街角糖画小景

（一）历史渊源

糖画具有悠久的历史，距今已有 400 多年。糖画大概形成于明朝万历年间，主要用于祭祖祭祀等活动。在明代的宫廷习俗中，官宦大户往往用模具印制糖狮、糖虎和文臣等形象用以祭祀，后来被传入民间，逐渐演化为糖画。清代初期糖画在祭祀活动中多以人物和动物形象出现，深受孩子们的喜爱。《坚瓠补集》中记录了这一时期糖画作为祭祀用品的盛行情况。后来民间因祭神用的糖人容易熔化,便用纸扎神偶代替。

图 5-7 糖画——小货

明代李时珍的《本草纲目》果部第三十三卷"石蜜"(白砂糖)条:"以白砂糖煎化,模印成人物狮象之形者为飨糖,《后汉书》注所谓猊糖是也。"这种"飨糖"(猊糖)在四川流传的过程中,逐渐吸收当地的"皮影""剪纸"等艺术手法,形成以块面、线条为造型特点的"糖画技艺"——成都糖画。四川的资源优势为成都糖画的发展奠定了基础,在清代就出现了糖画艺人的专门行会——太阳会。目前成都糖画主要流行于四川省成都市锦江区及新都、双流、金堂、温江、郫县、都江堰、彭州、青白江、龙泉驿和自贡、泸州、重庆、乐山、内江等地。

1986 年,成都市锦江区成立了民间糖画艺术协会,并提出"立足四川,走向全国,冲出亚洲"的口号,目的是继承和发扬这一独特的民间手工技艺。

1993 年,成都市锦江区被中国文化部授予"民间糖画艺术之乡"的称号。

1996 年,成都市锦江区成立了民间糖画艺术协会。

2008 年,糖画被列为第二批国家级非物质文化遗产名录。

2019 年 11 月,《国家级非物质文化遗产代表性项目保护单位名单》公布,成都市锦江区文化馆获得成都糖画项目保护单位资格。

（二）艺术特色

成都糖画以麦芽糖为原料，将糖加热，使其变软，然后借助糖画专门器具，经由艺人吹、拉、搓、扯、捏、压、剪等技艺塑制成形。

四川糖画的表现形式多样，常见的主要有大货、小货、子子货、丝丝货。大货，是指体形较大、构图复杂的作品，如龙凤、孔雀、狮虎、花篮、金鱼等。小货，是指体形偏小、工艺简单的作品，如单个的虫、鸟、水果等。子子货，即直接倾倒的一个个圆形糖饼儿，这种技艺要求艺人技法娴熟，在倾倒的过程中直接形成一个类似纽扣的小圆饼，子子货最能体现糖画艺人的基本功。丝丝货，是用缠绵的糖液线条来构图，既有中国画中的白描既视感，又有中国民间剪纸的神奇韵味，同时又类似于西方的速写。

成都糖画艺人除了将糖画与"皮影""剪纸"结合外，还将糖画与川剧结合，创作了《水漫金山》《战马超》《凤仪亭》等戏剧糖画作品，创作的人物和故事情景都非常生动，表现了丰富的川剧折子戏情节。糖画的另一大魅力还在于其售卖形式，即转糖饼，顾客付钱后便可以转动转盘（转盘上有图样），箭头停在哪个图样，糖画艺人便做什么图样，这增加了糖画的娱乐性。

成都糖画作品分传统题材与创新题材。传统题材代表作有《文武灯影儿》《龙》《凤》《花》《鸟》《虫》《鱼》，戏剧人物如《霸王别姬》《貂蝉拜月》《战马超》等。创新题材代表作有《龙灯》（长16米，耗糖约两吨）、《九龙壁》《龙腾盛世》《奔向2008》《百鸟朝凤》等。

（三）制作工具

成都糖画的制作工具主要有：太和、头盘、中盘、尾盘、憨憨、荷叶、起子、铜锤、龙宫。

太和，指制作糖画用的大理石板。

头盘，指糖画摊右边的方盘，上面绘有各种图案，多为"小货"，价格便宜，用于转糖饼儿。

中盘，指制作糖画的操作台。

尾盘，指糖画摊左边的方盘，多为"大货"，每转一手价格略高。

憨憨，即糖，过去多用黄糖，现代主要用白糖。

荷叶，指熔化糖液的铜瓢或铁瓢。

起子，糖画的主要工具，用铜或铁制成的长形薄片，前窄后宽，糖画做好凝固后，用此启起。手柄顶端有各种形状，如："O""L""S"等，称"三湾"，用以在块面压制各种连续纹样。

铜锤，即草把子，插放糖画作品用。

龙宫，即水。有时糖"稠"了，需要加水，即称为加点"龙宫"。

（四）制作流程

绘制糖画前，首先要制作糖片（糖块）。将白糖和水按一定比例放入锅中加热熔化，炼制后冷却成淡黄色糖片（糖块）；然后再将此糖片（糖块）放入"荷叶"，加热熔化后，用小铜勺舀出糖液，运用抖、提、顿、放等不同手法在中盘上"画"出各种花鸟虫鱼、飞禽走兽及各类戏剧人物，待糖画凝固后，用一根竹签粘合支撑，用起子把糖画"起"起来，一件糖画作品就完成了。拿在手上既可观赏又可食用，融物质与精神文化享受于一体。

（五）了不起的糖画艺人

1. 樊德然

樊德然，男，1924年生，2009年5月被评定为第三批国家级非物质文化遗产项目代表性传承人。樊德然11岁时拜成都小有名气的糖画艺人谢青云为师。在继承前人技艺的基础上，除传统的花鸟鱼虫图案之外，樊德然将传统皮影、剪纸和戏剧进行融合，创作了几百个中国传统的戏曲人物，所创作的戏曲人物个个栩栩如生、传神达意。樊德然的糖画是众多民间艺术的综合体现，这也是樊德然独有的特色糖画。

1986年，已经退休的樊德然组织其他糖画艺人成立了"成都市东城区民间糖画艺术协会"，使几百年不同流派的糖画和各谋生活的艺人们终聚一堂。樊德然亦开始悉心指导近三十个徒弟，现在他的徒弟吴逢全已初步继承了樊德然的戏曲人物糖画技艺。

代表作品：《水漫金山》《凤仪亭》《战长沙》。

1986年被聘为"成都市东城区民间糖画艺术协会顾问"；

1988年被成都市东城区文化局嘉奖为"卓有贡献奖"；

1991年被四川省工艺美术学会评为"特级糖画师"；

2005年被中共成都市委宣传部、成都市文化局、成都文联授予"终身从艺荣誉证书"；

2006年被成都市文学艺术界联合会、成都市民间文艺家协会授予"成都市民间工艺大师"称号；

2007年在中国成都首届国际非物质文化遗产节糖画比赛中荣获"特等奖"。

2. 蔡树全

蔡树全从小就十分喜爱糖画艺术，他的父亲也是一位著名的糖画艺人。小时候，蔡树全就扛着插满龙、凤、猴、兔、花、鸟、鱼、虫的草把儿，跟着父亲的糖画担，从邛崃的乡间小路辗转到了成都。

蔡树全发现随着人民生活水平、文化水平的提高，审美情趣的变化，传统的造型已经不能满足市场的需要。于是他开拓了新的题材、改革了传统工艺，将传统中国画的用笔技法巧妙地运用于糖画艺术。把齐白石的虾、韩美琳的狐、徐悲鸿的马等都绘制于他的糖画作品中，并从平面向立体、从中小型向微型、大型发展。

蔡树全还练就了三大绝技，一能闭目"作画"；二可塑半浮雕和全立体糖雕，开创了糖画的新局面；三精糖画"微雕"，能够将蜜蜂、蚂蚁都画得非常逼真。据说他的糖画套上塑料袋可存放三至五月。

蔡树全被誉为"西蜀怪人""糖画神手"，代表作品有《糖龙》《孔雀芙蓉》

《观音》等作品。

三、竹编技艺

《考工记》中说"天有时，地有名，工有巧，才有美，和此四者然后才可良"，阐释了传统竹编魅力外表之下"经纬分明，天人合一"的中国传统造物观，强调人与自然和谐统一的思想和文化内涵。四川传统竹编工艺历史悠久，富含中华民族劳动人民辛勤劳动的结晶。竹编工艺品分为细丝工艺品和粗丝竹编工艺品。2008年6月7日，竹编经国务院批准被列入第二批国家级非物质文化遗产名录。

（一）历史渊源

据史料记载，人类开始定居生活后，便从事简单的农业和畜牧业生产，为了储存剩余的食物以备不时之需，便用植物的枝条编成篮、筐等器皿。在实践中，发现竹子干脆利落，开裂性强，富有弹性和韧性，而且能编易织，坚固耐用。于是竹子便成了当时器皿编制的主要材料。

新石器时代，人类就以竹藤编制的篮筐为模型，再在篮筐里外涂上糊泥，制成竹藤胎的陶坯，在火上烘烤制成器具。后来人们直接用黏土制成各种成形的胚坯，就不再使用竹编编织。但是还是对竹藤几何图形十分喜爱，便在陶坯半干状态在其表面拍印上模仿篮、筐、席等编织物的纹样作为装饰。殷商时代，竹编图案的装饰气味越来越浓，编织也日见精细。战国时期的楚国编织技法也已经十分发达，出土的有：竹席、竹帘、竹笥（即竹箱）、竹扇、竹篮、竹篓、竹筐等近百件。

龙灯起源于汉代，到宋代更为盛行。龙头、龙身大多以竹篾作内骨编制而成，龙身上的鳞片也往往用竹丝扎结。明代中期，竹编的用途进一步扩大，编织越来越精巧，还和漆器等工艺结合起来，创制了不少上档次的竹编器皿。如珍藏书画的画盒、盛放首饰的小圆盒、安置食品的描大圆盒等。"褐漆竹编圆盒"是明代官宦人家使用的一种竹编圆盒。明清时期,特别是乾隆以后,竹编工艺得到全面发展。江浙一带出现了竹篮。

19世纪末至20世纪30年代,中国南方各地的工艺竹编蓬勃兴起。竹编技法和编织图案得到完善,汇集起来已经有150余种编织法。

(二)艺术特色

竹编所用竹丝断面全为矩形,在厚薄粗细上都有严格要求,厚度仅为一两根头发丝厚,宽度也只有四五根发丝宽,根根竹丝都通过匀刀达到厚薄均匀、粗细一致。竹编工艺可分起底、编织、锁口三道工序。在编织过程中,以经纬编织法为主。在经纬编织的基础上,还可以穿插各种技法,如:疏编、插、穿、削、锁、钉、扎、套等,使编出的图案花色多样化。需要配以其他色彩的制品就用染色的竹片或竹丝互相插扭,形成各种色彩鲜艳明快的花纹。

图 5-8　六角窗花

(三)竹编工艺分类

竹编工艺可分为细丝竹编工艺(瓷胎工艺竹编工艺)和粗丝竹编工艺(无瓷胎竹编工艺)。成品主要是经对竹子切丝、刮纹、打光、劈细等工序,将剖成一定粗细的篾丝编结起来制成。

1. 细丝竹编工艺(瓷胎竹编工艺)

瓷胎竹编技艺独特,以精细见长,具有"精选料、特细丝、紧贴胎、密藏头、五彩图"的技艺特色。在制作过程中全凭双手和一把刀进行手工编织,让根根竹丝依胎成形,紧贴瓷面,所有接头之处都做到藏而不露,宛如天然生成、浑然一体。产品主要有:瓷胎竹编花瓶、竹编茶具、咖啡具、酒具、文具、竹编平面画等。

图 5-9　瓷胎竹编

2. 粗丝竹编工艺(无瓷胎竹编工艺)

粗丝竹编工艺是指用竹条篾片编成的生活用具和观赏陈设品的竹编工艺。制作过程是先将竹子剖削成粗细匀净的篾丝,经过切丝、刮纹、打光和劈细等工序,编结成各种精巧的生活日用品,如竹篮、果盒、屏风、门帘、扇子等。

(四)蜀中竹编

四川素有"竹乡"美誉,其竹编最早起源于汉代,在成都凤凰山西汉木椁墓曾发现用竹编制的器皿。

1. 蜀风非遗，竹艺新范——道明竹编

道明竹编是指以崇州市道明镇为核心分布区域，辐射周边的济协、东关、白头、公议等乡镇的传统竹编技艺。道明竹编所使用的竹节材料长、慈软柔和、工艺独特，穿插各种技法，具有鲜明风格，分为平面竹编和立体竹编，图案清晰，色彩丰富，工艺精美，具有较强的实用性和观赏性。是目前川西地区保存时间最长、最久的竹编工艺。2014年入选国家级非物质文化遗产代表性项目，国家级代表性传承人是赵思进。

道明竹编拥有2000多年的悠久历史，特别是从清代初年至今的300多年里，道明竹编经历了由粗到精、由简到繁的发展过程。在历代竹编艺人的不断努力下，由单一颜色发展成多种色彩，创新出800多种竹编工艺制品。其产品包括各式筑、篮、盘、瓶、灯、扇、盆、椅、画近15个大类。

道明竹编特殊的工艺，使产品形成了一个共同风格：平面竹编和立体竹编经纬比例恰当、图案清晰、色彩丰富、工艺精美。瓷胎竹编选料精、竹篾细、紧贴胎、藏头密。平面竹编的扇子、晒簟、凉席、枕席和瓷胎竹编的茶具、器皿等被广泛应用于日常生活，立体竹编的筐、筑、箩、篮等则是经久耐用的生产用品。以字画为主的平面竹编深受文人雅士欣赏。供装饰、包装用或具有艺术造型供摆设用的立体竹编，还有旅游小商品等则具有生活和工艺品的双重价值。拥有悠久历史的道明竹编是川西人民勤劳和智慧的结晶，是川西独特历史文化的载体，具有浓郁的川西地方特色，反应了川西本土的乡土文化，是展现川西地区古蜀文化风采的一道风景线，对于传承优秀民族文化，弘扬中华民族精神，妥善保存民族文化遗产，建设社会主义新农村都有不可估量的价值。

2. 以竹作画的刘氏竹编

20世纪70、80年代，刘嘉峰首创了竹编字画和提花编织法，由此创立了刘氏竹编，成为我国竹编工艺的一大创举。2008年，刘氏竹编被文化部列入"国家级非物质文化遗产"。

刘氏竹编工艺是用慈竹作材料来制作生产工具，编织生活用具，在此基础上衍生创造出来的编织工艺，是最具特色的中国民间传统手工技艺之一。刘氏竹编的作品设计新颖、以竹作画、技艺精湛、最具"薄如翼,细如丝,轻如尘,织如锦"的艺术特点,在四川乃至全国都具有代表性。刘氏竹编工艺产品有数十个大类,近千个花色品种。编织一件工艺品有 30 多道工序,少则半月、多则数月,而且每道工序精细严密,是现代技术和机器无法替代的。

图 5-10　竹编书画

刘氏竹编第二代传承人刘江将竹编产品定位为三类:收藏品、民族奢侈品和生活艺术品。收藏品是竹编中的经典之作,重点体现高超的竹编艺术;奢侈品强调品味、品质和品牌,把传统的手工艺与时尚元素相结合,打造国际精品;生活艺术品则是为普通人群精心编制日常生活用品。

图 5-11　竹编手镯

■ 项目实训

一、"锦鲤"与蜀文化资源研发

（一）项目任务

锦鲤寓意和象征吉祥、好运、幸福、前程似锦等，锦鲤的意义早已超越了鲜艳漂亮的鱼类本身，而变身为一种"幸运符"。成都这座能给你带来好运的城市有着和"锦鲤"同音的"锦里"景区，将"锦鲤"与蜀文化结合进行图案设计，并将其运用到漆艺作品中。

（二）实训过程

（1）网络搜索锦鲤相关资料，形成对该项目的初步认知。

（2）结合搜索的资料设计图稿，并将其拓印在做好底的漆板上。

（3）根据图稿选择自己擅长的技法完成作品。

（4）将完成的作品进行抛光打磨，最后上面光漆。

二、蜀文化与生活中的漆器

（一）项目任务

几千年前古人使用的成都漆器多食盒、碗、盘等中小日用品，可见成都漆器历来都是具有鲜明实用性的。随着非遗的普及，越来越多的人对漆器感兴趣。实训要求把蜀文化与实用性漆器结合完成漆器创作。

（二）实训过程

（1）选择一个巴蜀地域文化特色鲜明的图案，预先在网络搜集相关资料。

（2）整理网络资料，形成对该图案的初步认识。

（3）结合资料设计图稿，并将其拓印在食器上（碗、杯子）。

（4）根据图稿选择适合的技法完成作品。

（5）将完成的作品进行抛光打磨，最后上面光漆。

三、竹编传统图形纹样数字化创意设计

（一）项目任务

竹编在编织过程中，通过不同的编织手法能够形成千变万化的几何纹样，除了几何纹，人们在编织竹编的过程中不断创新，图案纹样也因此丰富多彩，有花卉、果实等植物纹样，动物纹，人物，书画等。请结合巴蜀地域文化特色及现代图形创意的方法设计竹编纹样。

（二）实训过程

（1）选择一个巴蜀地域文化特色鲜明的图案，预先在网络搜集相关资料。

（2）整理网络资料，形成对该图案的初步认识。

（3）在初步认识的基础上，将图案进行抽象变形。

（4）结合竹编工艺，修改变形后的图形。

（5）利用现代绘图技术，转换修改好的图形，完成设计。

■ 学习测评

表 5-1　学习测评表

任务名称			
小组名称			
组长		成员	
时间			
项目讨论情况			
项目开展方案与实施步骤			

续表

任务开展中存在的问题及反思	
成果形式	
完成任务评价（得分）	
任务完成情况分析	
优点	
缺点	
存在问题及解决方式	

模块六 笔尖传巴蜀

■ 学习指导

古蜀文化历史悠久，源远流长，"蚕丛及鱼凫，开国何茫然。尔来四万八千岁，不与秦塞通人烟"。古代巴蜀有过无数凄婉动人的传说和曾经风流一时的人物。巴蜀大地孕育产生了司马相如、扬雄、李白、苏轼三父子等耀眼的明星。巴山蜀水、风土人情陶冶了大批仕蜀、游蜀的诗人文士，杜甫、岑参、温庭筠、卢照邻、高适、刘禹锡、李商隐等得江山之助、风土之育，在蜀中创作了大量的优秀诗篇和赋篇，或抒情言志，或描绘山川，为古代巴蜀文学增光添彩。巴蜀文人以他们特有的笔墨，从内容和形式都生动地体现了中国文化的基本精神，体现了中华民族的理想信念和美学追求，同时也在思想和形式的密切融汇中，表现出自己独特的个性和精神风采。

学习目标

(1) 了解辞赋的基本概念、体裁特征，以及汉赋大家司马相如的生平及其代表作
(2) 了解诗人李白、杜甫二人生平及巴蜀文化对其诗歌的浸润
(3) 了解词人苏轼其人及其作品成就。
(4) 能对有关巴蜀文化名人文化资源开发的项目进行调研与分析。
(5) 能撰写文化活动策划方案。

案例导读

案例1：青莲李白诗歌小镇迎春灯会

青莲李白诗歌小镇是在四川省江油市李白故居的原址上全新修建打造的重点旅游项目，是国家级特色小镇，以李白文化为核心，以和谐山水生态建设为先导，围绕"诗意中国，诗歌小镇"的发展战略地位，建设集"旅游观光、朝拜诗仙、诗歌朗读、休闲体验、健康养老、美丽乡村"为一体的宜文、宜农、宜商、宜养、宜居、宜旅的现代文化休闲小镇。小镇以川西园林风貌呈现独具特色的巴蜀文化，以蜀风唐韵风格精心雕琢景观建筑。

2019年春节假期，青莲李白诗歌小镇举办了一场名为"大美江油，青莲世界"的迎春灯会。此次灯会规模庞大，以李白文化为主题，采用现代科技加强彩灯装置，设计了独具匠心的多重灯组，如"望庐山瀑布""送孟浩然之广陵""铁杵磨成针""梦回大唐"等，配合时尚的游客互动体验，为市民呈现出绚丽夺目的视觉盛宴，把传统节气文化与江油市地方文化融会贯通，点亮江油市的特色篇章。

灯会的最大亮点，是将"李白"的人物形象加入整体构思中，让观众身临其境领会大唐文化，感受诗仙风采，这也是全国首例以"李白"为主题策划和创作的大型新春灯组。此次灯会活动，首次尝试将李白诗歌文化与旅游、文艺、传统节气、民俗工艺、美食文化等多种形式相结合的推广中国经典文化的方式，带给游客别具魅力的李白文化体验。

此次灯会为期20天，游客总人数高达100万人次，受到了众多媒体的关注。举办地在李白·时光里，其作为青莲李白诗歌小镇的文旅商街IP，结合稀缺文化资源，汇聚世界美食、休闲娱乐、特色民宿、亲子教育、儿童乐园等业态，是李白文化灵魂的再现。其中一期由书剑长街民宿文教街区、馈玉街特色美食休闲街区、鸟语林主题美食创意街区三条街区构成。

【案例解析】

青莲李白诗歌小镇的特色在于：

1. 实力企业，保驾护航

青莲李白诗歌小镇总投资超过 100 亿，规划占地面积 18 000 亩，由陕西竹园嘉华集团下属有限公司、江油市青莲竹园文化旅游开发有限公司与江油城市投资发展有限公司强强联手开发。竹园嘉华集团总部位于古城西安，核心业务涉及农产品加工、餐饮连锁、商业地产、住宅、办公楼、酒店、金融投资、矿业及商业物业等领域。

2. 绵阳江油作为文旅经济担当，树立名人品牌

江油是李白的故居，李白的游踪、相关的诗文及李白逸闻传说可统称为江油李白文化旅游资源，为绵阳江油地区的文化旅游开发提供了深厚的文化底蕴和体验经济发展的有利条件。李白是联合国教科文组织颁布的世界文化名人，是世界文坛上最受崇敬的伟大诗人之一。李白诗歌被翻译成十多种文字，在一百多个国家和地区流传。李白在世界上有巨大的影响力，"李白"的名字本身就是一张闪亮的名片，他的名字已经和中国紧紧连在一起。他的身世、生平经历及习作，在江油地区留下了大量的故事和传说，吸引着中外游客来此旅游。

3. 民俗文化和地方文化相结合

灯会作为一种古老的民俗文化，象征着阖家团圆、吉祥喜庆，深受老百姓喜爱。在中国最具特色的传统节日——春节里，观赏绚丽夺目、富有文化寓意的新春灯会，也是中国人共有的民族情结。江油地区的民风民俗和文化活动丰富多彩，如"太白灯会""月圆会""赛诗会"。李白故里的人们通过举行祭典、办庙会、讲故事、演戏曲等，积淀成了深厚的李白民俗文化，成为中国优秀传统文化的一部分。

4. 发挥黄金地段优势

江油青莲作为川西北地区旅游版图上的重要据点，依托中国唯一科技城、

重要的国防科研和电子工业生产基地、成都平原城市群北部中心城市、成渝经济圈七大区域中心之一——绵阳，同时还是连接西安、成都、重庆旅游文化与九寨沟、黄龙接壤的窗口。

案例 2：眉山"东坡印象·水街"

"东坡印象·水街"，又被称为"大宋不夜城"，位于眉山市东坡城市湿地公园一侧，是随城市开发新打造的仿古建筑群，主打唐宋风，从南到北分为东坡印象水街、穿越城水街、东坡里水街，长 1500 米左右。目前水街成为一处网红打卡地，入夜笙歌燕舞、游人如织，一幅太平景象。气势恢宏的红墙绿瓦古风建筑群，河灯、神树、画舫、桥廊，若瑶池天街。夜晚，鼓乐声响，薄雾渐起，水中佳人舞姿曼妙，又是一番盛世光景。水街随处集市罗列，游人可把酒言欢，可观赏歌舞，可尝珍馐百味，仿佛梦回千年前的大宋，沉浸式的体验让人流连忘返。

【案例解析】

眉山水街蹿红，客流量曾突破每天五万人次，是商业景区化的有益探索和实践。其优势如下：

1 位置优越

眉山主城区距离成都仅 60 千米，是国家级天府新区的重要组成部分。水街东邻岷江河，易引水入街，西贴东坡湿地公园，地域广阔平坦。水街三层建筑错落，与地面对接，极大地增加了商业便捷度，扩大了经营铺面面积。周边高端小区较多，街区免收门票，形成基础性的本地消费人群。

2. 形态和文态、生态的天然契合

整条街以滨水风情为蓝本，东坡文化为内涵，宋代古韵建筑为载体，苏州园林景观为原型；此外，以大宋文化为依托，宋代古建筑与滨水风情完美结合；同时，以大宋苏东坡作为主推的 IP 人物，建筑、人物、生态具有天然契合性。

从夜游场景来看，古代夜游繁荣的两个朝代主要是唐宋，宋朝的"勾栏瓦肆"是宋代人的小确幸，眉山水街的宋式建筑形态，容易让游客沉浸并产生联想。加之西安大唐不夜城的影响力和近年来影视作品对大宋文化的深入挖掘和呈现，大宋不夜城也容易被人记住。同时，苏东坡作为眉山的"大咖级"人物，眉山水街宋文化演绎具有根基。

3. 发挥名人名号优势

苏东坡作为眉山的文化名片，有很多元素和思想值得挖掘。提到他，总会引起人们亲切敬佩的微笑。除了其在文学上的杰出成就，他还享受宴饮、享受美酒，是个心胸开怀的美食家。他和所有的普通人一样好吃、好玩，追求美的、幸福的、快乐的生活，他接地气、贴近老百姓。而民以食为天，魅力水街，美食荟萃，集川菜小吃于一炉，尤其是以苏东坡名字命名的东坡菜系。东坡家宴因此于眉山发扬光大，俘获游客的胃。

一曲"大江东去，浪淘尽，千古风流人物"，活生生展示了一个豪气潇洒的苏东坡，他纵横恣肆，游于山水，虽放浪形骸，但又担苍生己任，其冷静超脱，旷达自适的人生态度是其受到后世人们的普遍热爱的原因。白天的水街庭院深深，安静雅致，傍晚时分，各家商铺灯火摇曳，人声鼎沸，无论畅游还是休憩，都能感受苏东坡故乡那种多姿多彩的生活情景。东坡印象水街的繁华是闲适与惬意的，晒太阳、喝咖啡、看电影、拍照、品美食，满足不同人群的需求。

4. 商业景区化的运营探索

传统的商业街区很难做出特色。从成都周边来看，眉山水街具有创新性和稀缺性，"灯光秀、演出、沉浸式场景、景观小品"构成系列"吸引物"聚集人群。用"文旅思维"做商业街区，符合商业街区发展趋势。

■ 案例思考

（1）请说一说巴蜀地区有代表性的诗文作家有哪些？

（2）如何看待"李杜优劣论"？

（3）唐代众多诗人慕名三峡，在重庆地区留下了大量名篇佳作。请举例说明。

（4）请分享一个你熟悉的与巴蜀文人有关的资源开发项目，说一说其开发的亮点和特色，以及开发中存在的问题。

■ 知识讲解

中国古代文学是中国文化体系中最辉煌灿烂、最有活力的一个部分，是历久弥新、咀嚼不尽的精华。如果从《诗经》算起，它已经经历了三千多年的岁月而没有中断。中国古代文学繁荣鼎盛的时期，也是古代巴蜀文学大放异彩的时期。古代巴蜀地区是我国经济文化开发最早的地区之一。在春秋战国时期，巴蜀地区已发展成为一个重要经济区。汉、唐、宋时期，巴蜀的经济文化已在全国取得了领先地位，形成多元的文化格局，素有"蜀中多士"之说。雄才济济，代有贤哲，孕育了许多文学家、史学家、哲学家、科学家、教育家、艺术家等。仅汉代至清代，巴蜀地区在各朝代担任宰相、宰辅的就有 50 余人，巴蜀的文化名人更是达到 1000 多人。

一、辞赋

辞赋是兼具诗歌和散文特点的一种文体，它不像诗歌那样可以配乐歌唱，也不像散文那样毫无韵脚，而是讲究辞藻华美，大体整齐押韵，通过细致入微的描绘以抒写情志。而好的辞赋作品，散韵相间，抑扬顿挫，给人以美的艺术享受。赋作为一种文学形式，在先秦时代就已经出现，至两汉而繁荣，在魏晋隋唐时期内容形式变得丰富并富于变化，一直延续于宋、元、明、清。两汉时代，赋作为主要的一种文学形式，达到鼎盛阶段。仅《汉书·艺文志》著录的汉赋作品就达九百余篇。其中，司马相如、班固、杨雄、张衡被称为"汉赋四大家"，他们的作品"润色鸿业""劝百讽一"。

其中与蜀地有渊源的当属司马相如。

司马相如（前 179—127 年），字长卿，蜀郡（今四川成都）人，是我国西汉时期著名的文学家，代表作有《子虚赋》《上林赋》等。司马相如的文章华丽，结构恢弘，大赋铺张扬厉。班固称其"蔚为辞宗，赋颂之首"，林艾轩称其为"赋之圣者"。

司马相如少时读战国历史，因仰慕战国时期赵国明相蔺相如，遂改名相如。蔺相如20多岁拜为郎，担任汉景帝的武骑常侍，但景帝不好辞赋。直到梁孝王刘武来朝觐，梁孝王礼贤下士又喜爱文学，正合司马相如的心意，于是，他称病弃官，与邹阳、枚乘、严忌等文学家客游于梁（今河南省商丘市东）。在梁地生活的几年中，司马相如致力于辞赋的写作，著名的《子虚赋》就是这时写成的。

梁孝王死后，司马相如回到家乡成都，生活清贫。临邛（今四川邛崃）令王吉与相如交好，邀他前去暂住。临邛富人卓王孙知道他是县令的贵客，于是设宴结交。酒酣耳热之际，司马相如弹奏了一曲《凤求凰》，打动了本就仰慕其才学的卓王孙新寡的女儿卓文君。宴会结束，相如又通过文君的侍婢向她转达心意。于是，文君夜奔都亭与司马相如见面，并逃到了成都。卓王孙大发雷霆："女不才，我不忍杀，一钱不分也！"

司马相如与卓文君到成都后日子艰难，于是听从文君建议，由成都返回临邛。他们卖掉车骑，开了一家酒店，文君当垆卖酒，相如打杂。卓王孙异常愤懑，闭门不出，后在族人劝说下无奈分给文君奴仆百人，铜钱百万。不久司马相如和卓文君回到成都，购置田地房屋，生活富足。

汉武帝即位后，司马相如被召去长安。原来，刘彻读了《子虚赋》后以为是古人之作，感慨自己不能和作者同时代。当时上林苑管猎狗的官员杨得意在场，听后禀告说"此赋是我的同乡司马相如所作"，于是武帝马上召见相如进京。司马相如对武帝说："这《子虚赋》只不过是写诸侯游猎的事，算不了什么。请允许我再作一篇天子打猎的赋。"这就是《上林赋》写成的原因。几天后，相如上奏天子，汉武帝极为赞赏，即召司马相如为郎。

元光五年（前130年）汉朝设置了夜郎郡（今贵州北部、四川南部）后，武帝又派中郎将唐蒙打通西南夷道。唐蒙征调巴蜀士卒千余人，农夫上万人，死伤惨重，引起巨大恐慌。于是，司马相如被汉武帝派往蜀地安抚，他作《谕巴蜀檄》，文词有力，稳定了蜀地局势。相如回朝后向武帝作了奏报，武帝任命其为中郎将，令其持节出使。相如等到达蜀地，蜀郡太守率领官员到郊外迎接。临邛诸位父老都来献赠礼物，敬献殷勤。司马相如拆除了旧有的关隘，扩大疆域，开通了灵关道，在孙水上架桥，直通邛部（今四川西昌），为了说服阻拦此举的蜀地父老，相如写了著名的《难蜀父老》，晓谕朝廷旨意，稳定民心。建设蜀地后，司马相如回到京都，受武帝褒奖。但好景不长，不久便有人上书诬告他接受贿赂，遂遭贬官，后又复召为郎。

这时，汉武帝迷恋游猎，常驰逐野兽，司马相如作《谏猎疏》，委婉地进行规劝。元狩五年（前118年），相如因病免官，不久就过世了。卓文君将相如遗书交予朝廷派来的使者，原来是一篇《封禅文》，颂扬"大汉之德"。

司马相如是汉赋的集大成者，达到登峰造极的地步，对后世赋家影响极大。包括后来的扬雄、班固、左思等人的赋，都受到司马相如的影响。虽各有所长，总体而言，难超司马相如的水平。

二、诗歌

中国是诗的国度，诗歌创作在中国文学史上占了突出地位。诗歌发展到唐代，进入了高度繁荣的阶段。两大巨星照耀诗坛，一是李白，一是杜甫。"李杜文章在，光焰万丈长"，千百年来，追慕与研究李杜者未尝断绝，冲破了时空，跨越了地域与国别。在有关李杜的对比研究中，人们发现了两人的共同点十分突出，这是因为二者都与巴蜀文化、与民族文化有着特殊的渊源。巴山蜀水，神奇秀美，民风淳朴而浪漫，是呵护文学家、滋养文学艺术的最佳区域。而这对中国盛唐诗坛最耀眼的双子星与巴蜀文化也有着密不可分的关系。

（一）李白

李白（701—762年），字太白，号青莲居士。一般认为其祖籍为陇西成纪（今甘肃秦安）。隋末，其先祖迁居唐西域条支部都护府管辖的碎叶城（今吉尔吉斯托克马克附近）。唐中宗神龙初年（约705年），李白的父亲李客带着年仅5岁的李白到蜀中绵州的昌隆县青莲坝居住（今四川江油市青莲乡）。

1. 李白的生平

李白少年时期，在江油大匡山"中和大明寺"读书、练剑长达 10 年。少时博学广览、勤奋好学，吟诗作赋，便已显露才华。自述"五岁诵六甲，十岁观百家，轩辕以来，颇得闻矣！常横经籍诗书，制作不倦"（《上安州裴长史书》），"十五观奇书，作赋凌相如"（《赠张相镐》）。李白《访戴天山道士不遇》《别匡山》等著名诗篇就是这时写的。据宋熙宁元年（1068 年）匡山大明寺碑记：李白曾随同梓州（今绵阳三台）赵蕤去剑阁、成都、峨眉一带游历、求学，写了《峨眉山月歌》《剑阁赋》《登锦城散花楼》等作品。

李白 25 岁开始离蜀远游，他经渝州、三峡出川，足迹遍布中原和江南各地。在长期的漫游和隐居生活中，他也寻找机会，希望能遇到明主，一朝能够辅佐君王，建功立业。天宝元年（742 年），经唐玄宗妹玉真公主和吴筠等推荐，唐玄宗召见李白到京都任翰林供奉，潜草诏诰等。由于李白看清了唐王朝政治腐败的现实，加之遭遇奸人毁谤，天宝三年（744 年）春，唐玄宗赐金放还，李白重新走上漫游的旅程。当年秋天，李白在洛阳会见了唐代"诗圣"杜甫，两人互赠诗词，结为好友，相约漫游开封、商丘和东鲁一带，传为文学史上的佳话。

天宝十四年冬（755 年）安史之乱后，唐玄宗出逃奔蜀，途中下诏命天下勤王。永王李璘起兵，召李白入幕。李白抱着"但用东山谢安石，为君谈笑静胡沙"的愿望慷慨从军。后李璘在丹阳兵败被杀，李白也因从璘而被流放夜郎，途经巫山，遇赦东还，后来到安徽当涂投靠本家族人李阳冰，第二年就病逝了。

李白的一生，可以用明代李贽《李白小像》中一句话概括："呜呼！一个李白，生时无所容入，死而千百余年，慕而争者无时而已……亦是天上星，亦是地上英。"李白身上的那种自负、自信、豁达、昂扬，也是盛唐时代的象征。

2. 巴蜀文化对李白及其诗歌的浸润

最早为李白编辑诗集的是李白同时代人魏颢，他在《李翰林集序》中写道："自盘古划天地，天地之气艮于西南。剑门上断，横江下绝，岷、峨之曲，别为锦川。蜀之人无闻则已，闻则杰出。是生相如、君平、王褒、扬雄，降有陈子昂、李白，皆五百年矣。白本陇西……身既生蜀，则江山英秀……"这段话说得非常自豪，李白那种奇之又奇的风格与巴山蜀水有着最直接的关联。

四川盆地在地形上为"四塞之国"。古代交通不便，但巴蜀先民以惊人的智慧和勇气逢山开道，遇水造桥，"栈道千里，无所不通"。巴蜀文化创造者敢于超越自我，思维奇诡浪漫。由此可见四川历代巴蜀学人敢为天下先的开拓精神和原创思维。这与巴蜀文化是分不开的，其文化渊源及影响更造就了"诗仙"李白这样一位横空出世的奇才。

一方富饶，其文化必兴。尤其是唐代以来，巴蜀地区政治稳定，经济繁荣，丰衣足食。盛唐又是中华文明发展史上的一个全盛时期，这就使得人们强调个性张扬，盛唐诗人身上尤其存在一种重义轻财、慷慨激昂、奋进敢为的精神特质。除此以外，巴蜀道教文化也给李白诗歌创作插上了想象的翅膀。巴蜀道教创始人张道陵就是在四川创立了五斗米教，并在蜀汉传教 30 余年。李白的家乡四川绵阳江油西南的紫云山就是一个著名的道教圣地。李白诗里曾有描写家乡青莲的仙山美景之句："石磴层层上太华，白云深处有人家。道童对月闲吹笛，仙子乘云远驾车。怪石堆山如坐虎，老藤缠树似腾蛇。曾闻玉井金河在，会见蓬莱十丈花。"他的心灵在无边无际的想象世界里遨游，使得他的诗文浪漫绮丽，神采飘逸。

巴蜀特定的地域文化对李白的性格和气质影响深远，反映在诗歌中就是其歌咏巴山蜀水，抒发对家乡的热爱时往往放浪不羁。我们以著名的《蜀道难》为例，这首诗在当时名气极大，据说贺知章见《蜀道难》，"读未竟，称叹者数四，号为谪仙"。李白"谪仙"的称号由此而来。"蚕丛及鱼凫，开国何茫然"，诗歌借助古巴蜀神话传说驰骋想象，极度夸张，突出蜀之高、险，着力渲染"蜀道难，难于上青天"。

总之，李白适应并接受了巴蜀文化，其风格的形成与文学选择离不开巴蜀文化的精神，同时，李白也为巴蜀文化增添了最浓墨重彩的一笔。

(二)杜甫

杜甫(712—770年),字子美,别号少陵野老、杜陵野老,与李白并称"大李杜"。杜甫出生在官宦世家,作品充满了家国天下的情怀,仁民爱物。因为其诗歌写实的取材和关怀的角度,他的诗被称为"诗史",他则因为在诗歌上震古烁今的伟大成就被尊为"诗圣"。唐代元稹曾评价杜甫"尽得古今之体势,而兼人人之所独专矣……则诗人以来,未有如子美者"。

1. 杜甫生平

杜甫一生历经了时代的盛衰巨变,从十年困守长安到安史之乱的颠沛流离,他走过美丽的山河,也走过满目疮痍的中国大地。杜甫因房琯事件,对朝廷和政治失望,暂弃"致君尧舜上,再使风俗淳"的理想,乾元二年(759年),又因战争和大饥荒,他带着家人从洛阳到华州,从长安到秦州,由同谷经蜀道,大约年底到达成都。

入蜀后,杜甫一家相对安全稳定,在巴蜀官员裴冕、高适的帮助下,建造了能遮风避雨的草堂,在巴山蜀水暂时休养生息。现代学者冯至在《杜甫传》里写道:"人们提到杜甫时,尽可以忽略他的生地和死地,但总忘不了成都的草堂。"杜甫现存诗歌1400多首,其中1000首以上作于入蜀以后(含成都、夔州、湖湘诗),以成都为中心的五年(包括梓州和阆州)就写了430多首诗,夔州留下了400多首诗。可以说杜甫一生的阅历和情感积淀在西南一隅爆发,其创作在此时处于一个井喷的状态。

2. 于成都建造草堂

杜甫在《成都府》中这样写道:"翳翳桑榆日,照我征衣裳。我行山川异,忽在天一方。但逢新人民,未卜见故乡。大江东流去,游子去日长。曾城填华屋,季冬树木苍。喧然名都会,吹箫间笙簧。"这是诗人初到成都,对成都的初印象:这是个大城市,有许多高大的建筑物,到了深冬,成都的树木还有一种青苍之色。最后两句是指成都不仅是热闹的城市,还是个艺术的、美好的、温馨的都市。

在成都，严武还表荐杜甫为节度参谋，检校工部员外郎，赐绯鱼带。此官职是杜甫一生中被授予的最高官阶，为从六品上，"杜工部"由此而来。

杜甫刚到成都，暂居在成都西郭西郊的浣花里一个旧的寺庙里。在《酬高使君相赠》中"古寺僧牢落，空房客寓居。故人供禄米，邻舍与园蔬"可以看出，除了老朋友高适的帮助，蜀中普通民众也热情好客，把自己园子里的蔬菜摘了送给杜家，这种朴实的浓浓的人情味被敏感的诗人记录在诗歌当中。后来，杜甫考虑家人，在成都西郊建起了草堂，索性将家安顿下来，还栽了果树和竹子。于是，杜甫就在成都过起了一生中难得的安定闲适的日子。唐代成都的富足好客，由此可见一斑。

3. 杜甫诗歌与巴山蜀水

杜甫在成都生活的细节，也被细心敏感的诗人写进了诗歌当中。成都期间，杜诗内容主要体现在三个方面：一是家国情怀，二是山川风物情感，三是艺术的关注和生活艺术化。

杜甫安定下来以后，虽看似惬意地生活，其实内心牵挂着北方战事。他曾写道"何日通燕塞，相看老蜀门"（《送裴五赴东川》），"玉垒题书心绪乱，何时更得曲江游"（《寄杜位》），"天下干戈满，江边岁月长"（《送韦郎司直归成都》）。诗人在玉垒，在锦江边仍然放不下中原战事。

杜甫对巴蜀山川风物尤为热爱，在他的诗歌当中我们可以找到例证。杜甫在游丈人山（今青城山）时写道"自为青城客，不唾青城地"。他在浣花溪还作了著名的看花诗《江畔独步寻花七绝句》。在《赠花卿》中写道"锦城丝管日纷纷，半入江风半入云。此曲只应天上有，人间能得几回闻"，将锦官城，也就是成都这座城市的艺术特色和动人魅力展现无遗。杜甫最有名的展现蜀中特色的诗是《春夜喜雨》，对蜀中夜雨浸透着喜爱和诗意，今人读起来，仍然能引起情感共鸣。

4. 杜甫与夔州

公元765年初夏，杜家从草堂附近的万里桥上船，经由嘉州（今乐山）的岷江水系到戎州（今宜宾）下长江，经过中州（今重庆忠县）、云安（今云阳县）。第二年到达夔州（今重庆奉节）。夔州是杜甫诗的福地，使其在艺术上取得了极为辉煌的成就，杜甫于此地仅两年时间就创作了430多首诗歌。此时的杜诗内容包罗万象，既博大又精细，形式变化多样，尤其七言律诗登峰造极。在杜诗《览物》中写道："曾为掾吏趋三辅，忆在潼关诗兴多。巫峡忽如瞻华岳，蜀江犹似见黄河。舟中得病移衾枕，洞口经春长薜萝。形胜有余风土恶，几时回首一高歌。"杜甫认为巴山蜀水风景奇特，风土人情独特，变化多端的夔州景致，切合他晚年日暮途穷的状况。

三、词

词至宋代，发展到极盛时期，成为中国诗歌史上的又一高峰。宋初词坛沿五代迤逦之风，以晏殊、晏几道父子为代表人物。范仲淹将边塞诗风吹进词坛，欧阳修则以其清丽明媚、言浅意深的词作风格成一大家。柳永以白描手法抒发情感，独步北宋词坛。随后，宋词分为两派，一派是以秦观为代表的"婉约派"，风格清婉，以长调抒写柔情；一派则是因苏轼而形成，词章雄健，风格豪迈豁达，境界超然，被称为"豪放派"。让我们一起重温中国文学史上最富有典型意义的文人士大夫之一——苏轼。

（一）苏轼

苏轼（1037—1101年），字字瞻，又字和仲，自号东坡居士，北宋眉州眉山人。北宋著名散文家、词人、诗人、书画家。和父亲苏洵、弟弟苏辙合称"三苏"，都名列"唐宋八大家"之位，与黄庭坚、米芾、蔡襄并称"宋四家"，与辛弃疾并称"苏辛"。

1. 苏轼生平

中国文学史上，宋代大诗人陆游曾经来到四川眉山，写下了这样的诗句："蜿蜒回顾山有情，平铺十里江无声。孕奇蓄秀当此地，郁然千载诗书城。"岷江山水孕育了眉州浓厚的文化氛围，眉州眉山镇更以当地一个苏门文学世家闻名于世。苏轼的祖父人品不凡，叔父赶考高中，其父苏洵则是《三字经》里提到的"二十七，始发愤"的苏老泉。苏轼六岁时读书，十岁便能写出出奇的诗句，因父亲苏洵游学四方，家中由颇有学识的母亲程氏亲自管教。一次，母亲正读《后汉书·范滂传》，对其勇敢无畏称赞有加，苏轼立即表示要向范滂一样，胸怀"澄清天下"的大志。苏母亦以滂母自许，鼓励儿子立身正直，为国家建功立业。

十二岁后，苏洵因父丧返家，苏轼接受了更好的家学熏陶。在苏家，和东坡关系最密切的就是他弟弟苏辙，兄弟之间友爱和深厚的手足之情也是苏轼毕生歌颂的题材。他曾说"我少知子由，天资和且清。岂独为吾弟，要是贤友生"。

2. 苏轼的峡江诗歌

宋神宗熙宁四年（1017年），苏轼就任杭州通判，途中经过镇江的金山寺，登山观水时苏轼感慨道"我家江水初发源，宦游直送江入海"。古人看来，岷江是长江的源头，"岷山导江"（《尚书·禹贡》），江水从崇山峻岭的巴蜀一路向东，奔流到海。苏轼24岁时，苏门三父子从乐山登船，从岷江走水路出三峡，举家东迁，走向天下。他的宦游经历正是顺江而下，送江入海，在浩瀚与澄清中寻求人生的归宿。

从岷江到大海，巴山蜀水风光壮丽，激发起苏家父子的创作热情。他们把旅途中的诗歌编为《江行唱和集》（又称《南行集》），里面收录了苏轼40多首诗歌，这是诗人早期对长江上游景观的细微观察与诗意呈现。在江上看山时，诗人写道："船上看山如走马，倏忽过去数百群。前山槎牙忽变态，后岭杂沓如惊奔。仰看微径斜缭绕，上有行人高缥缈。舟中举手欲与言，孤帆南去如飞鸟。"诗人面对群山，心情是轻松愉悦的，忍不住挥动着双手，然而小舟已如飞鸟般疾速向前。此诗飞动流转，体现出年轻的诗人敏锐的观察力和丰富的想象力。过了巫峡和瞿塘峡，有一处险象环生之地，叫作"新滩"。苏家到此地，风雪甚大，故停留几日，苏轼曾作诗"青山有似少年子，一夕变尽沧浪鬓"，江边的青山瞬间变得银装素裹，在巴山蜀水之间穿梭，诗人自是领略了长江的险峻,才华也初步显露。面对如此险峻秀丽的峡江山水,诗人怎能不为之动容,正如苏轼在《南行集》序当中所写:"而山川之秀美,风俗之朴陋,贤人君子之遗迹,与凡耳目之所接者,杂然有触于中,而发为咏叹。"

3. 宦海沉浮

长江将苏轼从巴蜀送到了天下四方,富于变幻的沿途风景冥冥之中注定了诗人丰富的人生体验和淳于自然的创作技巧。

治平二年(1065年),苏轼的贤内助王弗和父亲苏洵相继辞世。苏轼偕弟护送父亲与妻子灵柩回四川,修坟、守丧。宋神宗熙宁元年(1068年),苏轼离开故里,从此卷入北宋新旧两党漫长的政治纷争,再未能回到可爱的家乡了。

熙宁二年(1069年),王安石推行新政。苏轼不满其新政,在恩师欧阳修被迫离京后调任杭州通判。苏轼描写西湖的著名的七言绝句《饮湖上初晴后雨》就是在这个时候写成的。随后八九年内,他在杭州、密州、徐州、湖州为官,政绩卓著,深得人心。其中,他在密州想起见不到面的弟弟苏辙,写出了举世无双的《水调歌头》。

历史上著名的"乌台诗案"后,苏轼被贬谪到黄州任团练副使,在黄州期间,是他创作最旺盛、文学成就相当大的几年。他遵父亲遗命作《易传》九卷,作《论语说》五卷,还写了大量诗、词、赋和散文,很多成为了我国文学史上不朽名作,如元丰五年(1082年)写成的《临江仙·夜归临皋》和《定风波》。同年秋天,他还写了两篇月夜泛舟的千古绝唱——《赤壁怀古》。苏轼晚年被贬到海南的儋州,在那里,苏轼连栖身之地都没有,但他"食芋饮水,著书以为乐",留下了人生最后一首词《减字木兰花》,这时他已64岁。

苏轼在临终前不久所作的《自题金山画像》:"心似已灰之木,身如不系之舟。问汝平生功业,黄州惠州儋州。"苏轼说如果要问到平生功业如何,只用看被贬之地黄州、惠州和儋州,这是他晚年对自己的评价。真正的功业是超越了世间的封侯拜相、攻城略地、荣华富贵的,是一种心灵的超脱。近代著名诗论家陈衍在《宋诗精华录》中评论苏轼诗文:"一起高屋建瓴,为蜀人独足夸口处。"蜀人可以引以为豪的，正是这种居高临下，引领天下的气势，更有江海不择细流包容与通达的胸襟，东坡的人生也正如长江流水，充满波澜。提起苏轼，蜀人是赞不绝口的，他具有亲和力，似乎可感、可佩，正如苏轼自己所说的："上可陪玉皇大帝，下可陪卑田院乞儿。"在这种出世和入世之间，苏轼旷达的性格、盖世的才华、高雅的品位，自有其迷人的魅力，引得中国历代无数人热爱和崇拜。

■ 项目实训

"家风家教是一个家庭最宝贵的财富，是留给子孙后代最好的遗产"，四川眉山市中心城区有座三苏祠，承载着北宋著名文学家苏洵、苏轼、苏辙父子三人"读书正业、孝慈仁爱、非义不取、为政清廉"的优良家风，蕴含着中华优秀传统文化精粹，映射出浓浓的家国情怀。为了做好开发三苏文化的工作，请你进行一次"三苏祠"文化活动策划。

1. 要求

（1）进行策划前，形成一份"三苏祠"文化活动策划提纲。

（2）收集资料后，形成一份"三苏祠"文化活动执行流程策划细案。

2. 过程

（1）采用文案调查法和实地考察法预先搜集"三苏祠"相关资料。

（2）整理资料，形成对该项目的初步认识。

（3）在初步认识的基础上，确定"三苏祠"文化活动主题形象定位及策略和方法。

（4）确定"三苏祠"文化活动的内容及形式，撰写活动提纲。

（5）细化策划流程，确定策划目的、受众、时间地点、组织报名方式、工作流程、场地规划、人员配置、现场管理、媒体传播等。

（6）形成"三苏祠"文化活动执行流程策划细案。

学习测评

表 6-1 学习测评表

任务名称			
小组名称			
组长		成员	
时间			
项目讨论情况			
项目开展方案与实施步骤			
任务开展中存在的问题及反思			
成果形式			
完成任务评价（得分）			
任务完成情况分析			
优点			
缺点			
存在问题及解决方式			

模块七 口头颂巴蜀

■ 学习指导

一声声的四川方言童谣，浓浓的独特的巴蜀味道，既包含了川人重要的思想、文化、情感与道德内容，也包含了这一方山水丰富而多样的文化生态。巴蜀人钟情于语言，以语言见长，以嘴巴厉害著称，以致被称为"嗜好语言"的人群。四川方言，又称巴蜀方言，属汉语西南官话。四川方言博大精深，读之悠扬婉转，思之意蕴深远，说之幽默乐观，听之表情灿烂。在历史的绵延发展中，四川方言不但承载着蜀地悠久的文明，寄寓了巴蜀人浓厚的人文情愫，还保存着中华语言文字宝库中许多珍贵的"活化石"。

民间文学，就是各个民众集团作为传统而存在的口头文学。民间文学的"民间"就是民众中间，就是民众。民间文学作品是集体创作、集体流传的，它属于民众集体。民间文学主要是针对专业作家的书面文学而言的,基本上包含了非作家书面创作的大多数文字类型,涵盖范围广泛。民间文学、书面文学相互独立,同时也互相影响,很多书面文学都是在民间文学的基础之上创作加工而成的。

■ 学习目标

(1)了解四川方言的发展历史。

(2)掌握和感受四川方言的语汇特点、词缀特点、语音特点、禁忌语特点等。

(3)了解民间文学概念,掌握民间文学特征、民间文学类型。

(4)了解巴蜀地区几类有代表性的民间文学。

(5)能对具体的四川方言或民间文学资源开发项目进行调研与分析。

(6)能针对四川方言或民间文学进行文创延伸或文创活动策划。

案例导读

案例1：当三星堆文物遇上四川话

今年，伴随着三星堆祭祀区新一轮成果发布，三星堆考古进入高潮，也引发了大众的考古文博热。作为四川文旅的代表性符号，三星堆青铜形象具有很高的 IP 开发价值和可行性，让最古老的四川人讲出四川话，三星堆与四川话的文创产品模式已日渐成熟。其代表文创产品如下：

1. "川话小本儿|川话书签"

三星堆选取了五款青铜器（分别是：铜喇叭座顶尊跪坐人像、铜跪坐人像、铜鸡、铜纵目面具、铜人身鸟爪形足人像），结合了"哥老倌""你要爪子嘛""脑壳都方了"等方言进行了再设计，制作了"川话小本儿川话"书签系列文创。

2. "古蜀萌娃"表情包

我们打开微信，会发现一款"古蜀萌娃"表情包，该表情包将三星堆的青铜面具和四川方言相结合，囊括了最常用的聊天表情和最实用、好玩的四川方言。青铜纵目面具、青铜大立人一改原来严肃的形象，变身成 Q 版萌娃，客串"雷神""一休哥""大力水手"等经典动画形象，再配上"巴适得板""哦豁""莫名堂""要得"这些有趣的四川方言，形象生动可爱。

【案例解析】

1. 方言作为一种听觉符号，具有活态流动、视觉转译难度高的特征

一方面，方言的文创开发载体受限，现在的许多方言文创依旧采用普通话或拼音注音的方式，对于外地人而言，很难通过注音去模仿或了解方言本身的语调。另一方面，随着互联网技术的发展，方言的推广和流传方式已经不再局限于过去的口口相传以及媒体等传播媒介，比如，可以将方言融入人工智能语音助手、地图导航语音包等。

2. 方言文创产品设计本质上是方言文化与文化产品创意的有机结合，其中内含很强的关联性与互动性

方言作为日常交流工具，方言文创产品设计应从日常用品入手，在设计中要选择利用率高的载体，通过日常使用达到耳濡目染的目的，做到可观、可触、可用、可听、可赏，将方言浸润于日常。让用户在生活需求、生活场景中能与方言文化相联系，轻松容易地去学习本地的方言文化，潜移默化地了解本地的风土人情。

案例2：四川方言小镇

四川方言小镇位于大邑县董场镇，董场镇是传统农业乡镇，位于安仁古镇和沙渠镇之间，安仁古镇是文创文博集聚区，沙渠是智能制造产业园新城，安仁古镇需要弥补乡村旅游区块方面的不足，沙渠又奢望回归自然，这时的董场就可以发挥二者兼顾的作用，通过打造乡村旅游区块方面的不足，让游客回归自然。同时，董场拥有市级田园综合体——祥和田园，国家级星创天地——青年大学生创业园，于是董场提出建设东部新区综合配套服务区，主动承接安仁文博文创集聚区辐射，以农耕文化为本底，挖掘四川方言特色，留住乡音里的乡愁，打造四川方言小镇。

【案例解析】

四川方言小镇在乡村振兴战略背景下，挖掘方言文化特色，融入水墨文化、川西民俗、农耕文化等川西坝子特色文化，将方言文化产业化。具体打造方向有：

1. 深度挖掘方言文化

携手川内语言学、国学、民俗文化等领域专家和学者共同成立四川方言文化研究会，通过对方言文化的深度挖掘、整理和体系化研究，做好四川方言的研究汇编，以此保护、传承好四川方言文化。

2. 打造特色街巷

方言文化小巷（院落）主要以水墨风景画和方言解析还原农家生产生活场景，展现出四川方言文化的独特魅力。

图 7-1　方言文化街壁画

3. 以四川方言为主题打造农耕文化

结合董场镇大学生创业园区、祥和村田园综合体、现代农业青年（大学生创业孵化中心）等农业项目，打造以四川方言为主题、与农耕文化相结合的旅游节点。

4. 融合方言文化创意

通过借鉴某些商品的理念，将方言植入本地商品包装，把四川每个地方的方言在商品包装上显现出来，让大家在购物的同时也可以了解四川不同地方的方言文化。

5. 开展四川方言文化演艺活动

为了积极推动乡村旅游、民俗等一系列的乡村文化建设，董场镇将依托和鼓励企业在葡萄、桃子、西瓜采摘节中进行以"方言"为主题的特色艺术汇演，如方言配音、方言文化比赛、主持人现场用方言讲故事和观众互动节目等，以家乡方言为特色，讲家乡话、演家乡人、看家乡戏。同时，利用方言传唱民间童谣，再现童年游戏，回忆童真时代，如《游戏歌》《迷也迷》《家公家婆》等，旨在宣传四川方言特色文化。

6. IP 打造

董场镇把中国传统文化《道德经》中关于乡愁鸡犬相闻中的"大红鸡公"和"中华田园犬"作为吉祥物，将吉祥物大红鸡公和中华田园犬相结合，以"阡陌交通，鸡犬相闻"为题材打造方言文化街。

案例3：汶川打造"大禹故里"

汶川"大禹故里"位于绵虒镇，绵虒位于岷江河畔，地处汶川县城西南部。近年来，为纪念大禹领受神谕治水，汶川形成了一系列大禹相关旅游产品，创建国家4A级大禹文化旅游区，大禹文化已经成为汶川重要的文化符号。大禹的足迹遍布绵虒各地，比如，大禹的出生地石纽山，每年的大禹华诞都会在大禹祭坛以最隆重的仪式祭祀大禹。此外，绵虒古镇中的绵虒公园、渔女公园、禹王广场、禹王宫及戏台，羌锋寨的羌绣和羌族民族风俗，还有丰富的历史人文，皆传承着宝贵的大禹精神。

【案例解析】

汶川旅游有其独特的优势和特色，具体思路是：

1. 发挥大禹的文化符号作用

大禹，作为汶川的文化符号，大禹精神，亘古至今。每年汶川都会举行隆重的大禹华诞庆典活动，由羌族释比主持，男女老少皆着盛装，将祭品敬献在大禹像前，用传统形式表达对大禹的崇敬和缅怀。今年，汶川原创的《禹的故乡》歌舞剧礼献于"2022 大禹华诞"震撼首演，采用线上线下相结合的方式首次将大禹形象搬上剧场舞台，带给观众一场扣人心弦的文化视听盛宴。

2. 将优秀传统文化与旅游结合

大禹故里与中国古羌文化国际精品旅游区紧密结合，以古羌文化、大禹文化、茶马古道文化为核心品牌，积淀汶川旅游厚重历史文化。如 2021 年汶川大禹华诞系列活动中，在绵虒镇大禹广场进行了一系列羌族文化展演：舞龙舞狮表演、推杆、丢窝窝、跳背篓、拔河、山歌对唱、锅庄表演，还有汶川非遗文化大展演，三吹三打、羊皮鼓舞、羌族莎朗、羌族唢呐、羌绣……

3. 农旅融合，助推汶川乡村振兴

每年 5 月中旬，汶川县都主办甜樱桃采摘节活动，今年还推出汶川可爱的代言动漫人物"无忧娃娃"，还有很多精致的文创周边产品，充满汶川元素。此外，还有营养丰富、滋味甜美的汶川清脆李和汶川香杏子。通过与电商类、物流类平台企业线上"云签约"，助力农产品走出汶川。

总之，汶川县对大禹文化资源、羌族民俗风情资源、农业资源等进行了梳理和挖掘，已初步形成大禹文化观光、羌族文化体验等旅游产品。

■ 案例思考

（1）请讲一讲四川方言的发展历史。

（2）四川方言的语汇特点、词缀特点、语音特点、禁忌语特点是什么？

（3）什么是民间文学？民间文学的特征和类型有哪些？

（4）巴蜀地区有代表性的民间文学有哪些？

（5）请分享你家乡的方言发音特点，对比其与成都话的区别。

■ 知识讲解

胖娃胖嘟嘟，骑马上成都。

成都又好耍，胖娃骑白马。

白马跳得高，胖娃耍关刀。

关刀耍得圆，胖娃滚铜圆，

铜圆滚得远，胖娃跟倒撵，

撑又撑不上，白白跑一趟……

张打铁，李打铁，

打把剪子送姐姐。

姐姐留我歇（留宿），我不歇，我在桥洞里歇……

天老爷，快下雨，保佑娃娃吃白米。

白米甜，白米香，今年不得饿莘莘（饭）。

红萝卜，抿抿（min）甜，看到看到要过年。

娃儿想吃肉，老汉（老爸）没得钱。

……

一声声的川味童谣，浓浓的独特的巴蜀味道。四川话又称四川方言，属汉语西南官话。四川话博大精深，读之悠扬婉转，思之意蕴深远，说之幽默达观，听之表情灿烂。

一、四川方言

四川方言是流行于巴蜀地区及周边省份邻近地区的主要汉语言，发源于上古时期四川盆地中非华夏族的蜀族和巴族讲的古蜀语和古巴语。之后秦灭巴蜀，四川方言便随着巴蜀地区的历史进程和移民更替而不断发生变化，在西汉末年形成了独具特色的巴蜀语。现今四川方言形成于清朝康熙年间的"湖广填四川"的大移民运动时期，是由明之前流行于四川地区的巴蜀语和来自湖南、广东、江西等地的移民方言逐渐演变融合而形成的。

生性幽默风趣、豁达乐观的巴蜀人，有生动的语言表达功夫，使四川方言极富渲染效果；有非凡的语言创造能力，表现出巴蜀人在语言方面的卓越天赋；有高超的语言表达艺术，善于捕捉笑料，绕弯子、说"言子"、打比方、谐音表意，功夫上乘。四川方言种类繁多，几乎是每县一口音。它的语音、词汇、语法等和普通话有很大的一致性，也有自己的特点，而以语音方面的差异最大。

（一）语汇特点

1. 习惯在副词、动词和形容词之后加后缀（如：得很、了…）来加强语气

如：高兴得很、安逸得很、巴适得板、累死了、做完了……还有惊爪爪、胖乎乎、神戳戳、冷飕飕、疯扯扯、酸溜溜、瓜稀稀等，也体现了四川话的独特韵味。这里 A+BB 的格式尤其值得注意（A 表示中心意思，一般能独立成词，BB 是叠音后缀，表示某种状态或感情色彩），如臭烘烘、慢梭梭等。相当一部分 ABB 式形容词可变换为 ABAB 格式，语意较 ABB 式略轻。例如：

活甩甩—活甩活甩　　慢吞吞—慢吞慢吞

大部分 ABB 式是由 A+BB 构成的，但有些可以认为是 AB 重叠 B 而构成的，它同时存在 AB 的重叠式 AABB。例如：

伸展—伸展展—伸伸展展

死板—死板板—死死板板

2. 采用借喻的手法

如："雄起"，展示的是一种状态，有抖擞精神、奋勇搏击之势，意为"加油"，比起"加油"的助威而言更加形象生动，更有气势。英语"goodbye"，四川话读作"古岛拜"，意指恋人之间痛苦的分别。类似的形象生动的引申词语如"下课"，利用丰富的联想，把严肃的政治上的失势用语与学生的上课下课联系在一起，从而淡化了岗位变更的意义，使它的外延扩大了许多。还有一种麻将玩法"血战到底"等，体现了巴蜀人语言天赋的非凡创造力。

3. 使用的语气词非常丰富

常用语气词有呢、额、嘛、哒嘛、哈、噻、哦、蛮、啵、嗦、哦豁……如：去嘛、来哈、是噻、做啥蛮、哦豁、咋整、这是你的嗦？

4. 构词法方面的特殊之处

跟普通话对比，显著的不同是单音名词、动词、形容词的重叠式。

（1）名词的重叠。四川方言里有丰富的叠音名词，叠音名词大多数都能儿

化，重叠式意思即"小"。例如：

虫—虫虫儿　　桶—桶桶儿　　罐—罐罐儿

洞—洞洞儿　　棍—棍棍儿　　盘—盘盘儿

也有单音动词重叠而成的常用叠音儿化名词，例如：

围—围围儿（小孩的涎布）　　吹—吹吹儿（口哨）

抽—抽抽儿（抽屉）　　　　　盖—盖盖儿（盖子）

刷—刷刷儿（刷子）　　　　　搭—搭搭儿（辫子）

还有单音形容词重叠而成的常用叠音儿化名词，例如：

尖—尖尖儿（尖子）　　　　　香—香香儿（零食）

乖—乖乖儿（可爱者，多指小孩儿）　胖—胖胖儿（胖子）

（2）动词加"一下"或"哈儿"表示尝试或短暂动作。例如：

看一下—看下儿—看一哈哈儿

跳一下—跳下儿—跳一哈哈儿

5. 动词特殊用法

动词后用"倒""起""倒起"作补语，相当于普通话的助词"着"或用"到""了""起来"等作补语。例如：

看倒看倒就睡着了。（着）

超市都买得倒这个东西。（到）

管不倒那么多。（了）

坐起说不如站起干。（着）

把裤脚挽起。（起来）

你坐倒起说嘛。（下）

（二）词缀特点

1. 特有词缀

四川方言中拥有部分普通话中没有的特有词缀，例如四川方言中常见的动词词缀"倒"可以组合为"古倒"(逼迫)、"马倒"(欺负)、"嘿倒"(以为)、"审倒"(小心试探)、"因倒"(不张扬)和"悠倒"(注意)等常用语。再如"头"在四川方言中也是一个极常见的动词词缀,可以组成如"学头""买头""做头""吃头""耍头""逛头"等常用语,如"那个公园没得耍头"在四川方言中意为"那个公园不好玩"。

2. 与普通话用法有差异的词缀

四川方言中部分词缀虽然普通话中也有,但使用范围和附加含义却有很大差异。如四川方言中名词词缀"子"可以构成"这种子"(这种)、"葱子"(葱)、"砣子"(拳头)、"虾子"(虾)、"狗子"(狗)、"哥子"(兄弟)、"今年子"(今年)、"衣架子"(衣架)等普通话中没有的词汇,同时四川方言中还有"分分子"(几分钱)、"块块子"(几块钱)、"两两子"(几两)、"斤斤子"(几斤)这类由量词重叠后加词缀"子",用来表数量少的特殊用法,例如四川方言中"你咋个净给我些角角子"意为"你怎么只给我角票"。

3. 四川方言中的"er"缀用法

普通话中不能带"er"缀的,但在四川方言中有大量"儿尾词"如"衣儿""裤儿""曲鳝儿""娃儿""电影儿""毛根儿""葱葱儿""兔儿""锅儿""电灯儿""醪糟儿""姑孃儿"等。

4. 名词词缀"家"的特殊用法

"家"在四川方言中,一方面可以用来表示人群之间的对立,如"姑娘家"与"儿娃子家"、"婆娘家"与"男人家"、"娃儿家"与"大人家"(这种情况下"家"词缀还可以重叠表轻视,如"儿娃子家家的,抠搜得很",在成都话中意为"男孩子怎么这么不大方");另一方面"家"词缀还可以表时间,如"春天家""白天家"等。

（三）语音特点

巴蜀人有丰富的联想力，喜欢摆龙门阵，他们嘴里蹦出的方言听起来有着生动的韵味，多姿多彩，妙趣横生。把龙门阵放大，把川味语音放大，就能感受到巴蜀人骨子里的幽默和喜感。

1. 边音、鼻音不分

如："男女"常读作"褴褛"，"牛奶"常读作"留来"，"恼怒"常读作"老路"等。

2. 大部分地区平舌和翘舌不分，常把翘舌音念为平舌音

如：把"支持"念为"孜词"，"实施"常念为"丝思"，"迟滞"常念做"词自"等。

3. 前后鼻音不分

大部分人把"eng"读作"en"，如："痕"与"横"同为 hén，冷读 lěn。

4. 少数人 h 与 f 不分

如把"喜欢"念成"喜翻"，"吃饭"念成"词换"等。

（四）禁忌语特点

四川话拥有丰富且自成体系的禁忌语系统，早在西汉扬雄所著《方言》中便有对蜀语中禁忌语的记载，蜀话的禁忌语中体现了较多的蜀地区的风俗、语言特点。

1. 忌讳说凶恶动物

例如蛇在四川话中的讳称有"梭老二""干黄鳝""长虫"等；老虎在四川话中的讳称有"猫猫""大猫""大头猫""扁担花"等；狐狸在四川话中的讳称为"毛狗"；老鼠在四川话中的讳称有"耗子""老水子"等。

2. 忌讳说不吉或不雅的词

如"伞"，因与"散"同音，经常被叫作"撑花儿"；再如民间忌讳说"死亡"，所以通常被称为"不在"，并有"莫搞了""走了"等说法。

3. 忌讳说破财词语

如把猪、牛、狗等动物的舌称作"利子"而不叫"舌"，因为"舌"与"折（she）财"同音；射洪一带把作为姓氏的"佘"直接读作"suo"，就是为了避讳与"折（she）财"的"she"同音。

4. 忌讳说身体缺陷

如说盲人忌讳说"瞎子"，而说"眼睛不好使"；对瘸子、跛子等腿有问题的人忌讳说"瘸子"，而说"腿脚不灵便"。

（五）语言乐观幽默

巴蜀人骨子里的乐观幽默表现在语言上就是四川话里很少有表现悲伤、痛苦的词汇。如摔了一跤，四川人不说"摔得好痛"，而是说"摔疼安逸了"。"疼"和"安逸"是两个词义相反的词，四川人却将其合起来用，在表达痛苦的时候也要调侃一下。"巴适惨了""好惨了""笑疼了"等也是如此。

二、民间文学

民间文学，是一种独特的口头艺术，它是民众集团的思想和情感的自发流露，表现他们的审美观念和艺术情趣，也是民众各种知识的总结。

（一）民间文学的特征

基于民间文学的特性，它具有四个方面的基本特征。一是口头性。所谓口头性，是指民间文学是口头创作、口头流传的基本特征。从文学起源角度看，口头文学是人类最早的文学，书面文学是文字发明以后出现的，实际是口头文学的替代品。二是变异性。所谓变异性，就是指一个民间文学作品在不同时间、地点被不同的人（甚至是同一个人）讲述的时候，都会出现变化。由于民间文学没有固定文本，是不同环境汇总讲述，讲述者没有著作权，而讲述者的记忆和艺术表现力又不稳定，因此民间文学作品随时都处在变异之中。变异的表现形式复杂多样，各种作品虽在真实性方面是平等的，但是在历史价值和艺术价值方面还是存在差异。三是传统性。民间文学作品是不断创新、不断变异的，同时，它也存在着一系列相对稳定的因素被世代传承、保留下来。这些代表着民间文学传统的诸多因素，就是民间文学的传统性。传统性体现在民间文学的手法和格式上，或者在主要内容方面，如歌谣的起兴手法，或者故事开头的套话"很久很久以前"等。四是集体性。民间文学作品是不署名的（不是匿名），没有个人享有著作权。本地所有民众都可以修改它，进行再创作。比如汉族的四大传说，牛郎织女、孟姜女、梁祝和白蛇传，经历了无数人的再创作，成为家喻户晓的作品，是汉族民间文学的代表作。因此，民间文学是一种集体创作、集体传播的文学。

（二）民间文学类型

1. 神话

神话，字面意思就是神的故事，是一种经典性的文学体裁，同时，也体现了远古人类的知识体系、信仰体系和文学艺术。古汉语中没有"神话"一词，而在英文中表达为 myth。日本明治维新之后用"神"和"话"（话本）两个汉字翻译 myth。1902 年，梁启超开始使用这个概念。1903 年，蒋观云在日本出版的《新民丛报》第 36 号上发表《神话历史养成之人物》是中国神话学史上最早的论文，具有里程碑的意义。神话作为各民族早期历史上的一种典型的文化现象，在创作和讲述过程中往往结合着宗教祭祀、巫术操作、文学叙事、音乐和舞蹈等多种活动，是一种综合性的文化现象。神话的内容可以分为六大类：宇宙起源神话、人类起源神话、族群起源文化、文化发明神话、战争神话、洪水再生与其他灾难神话。

2. 民间故事

在民众日常生活中存在很多娱乐活动，其中之一就是讲故事。大人讲故事逗孩子，孩子们互相讲故事玩，大人之间讲笑话逗乐。这些口头文学就是我们所说的民间故事。民间故事在各地有不同的称呼。在河南叫"瞎话"，在浙江叫"山海经"，在四川叫"龙门阵"，讲故事叫"摆龙门阵"。根据作品内容，把民间故事分为幻想故事、写实故事、笑话、民间寓言四大类。

3. 民间传说

民间传说是指民众口头传承并视为真实的以特定人物、特定事件、地方风物及习俗为核心的散文叙事作品。民间传说是民众口传的历史，往往有一个流传中心点，在叙述上比较自由。比如历史上有名的梁祝墓、四川合川县传说就是其中的一处。民间传说数量大，形态变化更自由，很难分类。本教材大体上根据内容把民间传说划分为三大类：人物传说、地方风物传说和信仰传说。

4. 歇后语、谚语、谜语

歇后语是一种使用了特殊修辞手法的句子。它由引子和目的语两部分构成。引子是一个比喻性的语言片段，目的语是说话人的真实意思，引子和目的语之间可以停歇，也可以省略，故名歇后语。歇后语语言轻松活泼，幽默俏皮，所以百姓称为"俏皮话""缩脚语""坎子"等。比如四川地区"茶铺搬家——另起炉灶""泥菩萨过河——自身难保""老太婆吃腊肉——扯皮"等。

谚语是人们口头讲述的具有哲理意义的定型化的语句。语言精练、含义深刻、朗朗上口。川西地区称为"口前语"，比如，"好吃不过茶泡饭，好看不过素打扮""当家才知茶米贵，养儿方知父母恩""四川人，生的憨，海椒辣嘴偏要抯"等。

谜语是口头传承的让人猜测所描述事物的短歌谣。有些谜语是写在纸上的，如灯谜。它分为谜面和谜底两部分，谜面间接描述事物，谜底是答案。谜语是一种智力游戏。如：谜面：含泪著文写巴蜀（提示：震区地名），谜底：汶川。再如谜面：话说巴蜀（打一字），谜底：训。

5. 格萨（斯）尔史诗

格萨（斯）尔史诗主要讲述了藏族古代雄狮国王格萨尔以大无畏的精神投身下界，率领岭国军队南征北战，降伏妖魔，抑强扶弱，救护生灵，使百姓过上安宁日子，晚年重返天国的英雄故事。史诗熔铸了神话、传统民歌、格言俚语，具有雄浑壮丽、多姿多彩的艺术风格。

格萨（斯）尔是相关族群社区宗教信仰、本土知识、民间智慧、族群记忆、母语表达的主要载体，是唐卡、藏戏、弹唱等传统民间艺术创作的灵感源泉，同时也是现代艺术形式的源头活水。格萨（斯）尔是世界上迄今发现的史诗中演唱篇幅最长的，代表着古代藏族、蒙古族民间文化与口头叙事艺术的最高成就。主要流传于中国西部高原地带的广大牧区和农村。

千百年来，史诗艺人一直担任着讲述历史、传达知识、规范行为、维护社区、调节生活的角色，以史诗对民族成员进行温和教育。阿尼，男，藏族，1942年生，四川甘孜藏族自治州人，入选为第一批国家级非物质文化遗产项目格萨（斯）尔代表性传承人。

2006年5月20日，格萨（斯）尔经中华人民共和国国务院批准列入第一批国家级非物质文化遗产名录。2009年，格萨（斯）尔列入联合国教科文组织《保护非物质文化遗产公约》人类非物质文化遗产代表作名录。甘孜藏族自治州文化馆2019年11月入选《国家级非物质文化遗产代表性项目保护单位名单》之一。

图 7-2　格萨尔

6. 彝族克智

彝族克智论辩是在婚礼、丧葬、节庆等集会场所由主客双方辩手临时演述的一种彝族民间诗体口传文学,是彝族民间语言艺术中内容最丰富、形式最灵活,最具知识性、趣味性、娱乐性、竞技性的表现形式。早在秦汉时期,彝族克智论辩制度就已形成。克智论辩在四川凉山彝区流传至今,尤以美姑县保留最为完整。

"克智"是彝语的音译。"克"是"口""嘴巴"的意思,"智"是移动、搬迁、退让的意思。"克智"还有称为"克波哈险"的,即辩论交锋的意思。比赛时,双方派出能说会道、思维敏捷、知识丰富者为代表,论辩选手说唱诗歌或辞赋,双方边饮美酒边展开克智舌战。论辩内容丰富多样,涉及文学艺术、历史哲学、天文地理、伦理道德、风俗礼制等各种知识。语言形式灵活多样,各自运用大量的比喻、排比、铺张、顶真、粘连等修辞手法,语言夸张、流畅、富有音乐感。

彝族克智论辩是彝族传统知识文化的集中体现,对于研究彝族社会有着重要作用,但是随着经济发展和外来文化的冲击,彝族克智论辩正在迅速消亡,亟待保护。

2008年6月7日,彝族克智经国务院批准列入第二批国家级非物质文化遗产名录。

7. 禹的传说

大禹治水神话也有几千年的流传史。其内容主要是:"洪水滔天,鲧窃帝之息壤以堙洪水,不待帝命。帝令祝融杀鲧于羽郊。鲧复生禹,帝乃命禹卒布土以定九州"。(《山海经·海内经》)"禹治洪水,通轘辕山,化为熊。谓涂山氏曰:'欲饷,闻鼓声乃来。'禹跳石,误中鼓,涂山氏往,见禹方坐熊,惭而去。至嵩高山下,化为石,方生启。禹曰:'归我子!'石破北方而启生。"(《淮南子》)

大禹治水是我国上古时代一件了不起的工程,曾经造福人类,成为我国古代人民力量和智慧的象征。一直到1000多年后的春秋时代，鲁国昭公元年（前541年）时，当时的一个名叫刘定公的人说："美哉禹功，明德远矣。微禹，吾其鱼乎！"意思是说，禹的功劳实在太伟大了，他给人类的遗惠影响深远。史学家们还考证，在我国古老的铜器铭文里，也有关于禹治水的记载，说他是"平水土定九州的人"。

在我国的少数民族中，将禹奉为神灵，且全民族对其顶礼膜拜者，仅见于羌族。羌族人民视禹为自己民族的保护神，羌族地区被视为大禹故里。在四川羌族的口头流传中，禹神话被赋予了种种原始的观念和幻想，如把治水和羌族的天神木比塔联系起来，把古籍中记载的大禹治水"应龙以尾画地""黄龙曳尾于前"等情节具体化了。

2011年6月其入选第三批非物质文化遗产名录。

2019年11月，《国家级非物质文化遗产代表性项目保护单位名单》公布，北川县文化馆、汶川县文化馆获得"禹的传说"项目保护单位资格。

■ 项目实训

电影《哪吒之魔童降世》改编自中国神话故事，讲述了哪吒"生而为魔"却"逆天而行斗到底"的成长经历。其中太乙真人的道场乾元山金光洞就在四川江油，他说四川方言有理有据，片中负责看守哪吒的活宝结界兽，形象来自四川金沙遗址出土的殷商时期文物。该片对经典神话故事进行改编和文创延伸，讲好了一个热血感人的"中国故事"，取得了巨大的成功。那么，请你将巴蜀地区熟悉的民间故事或者神话传说在原故事情节的基础上以短视频的方式进行适当改编，并且对主要角色进行形象设计和周边产品设计。

要求：

（1）收集相关民间故事或神话传说的相关资料。

（2）挖掘和融入巴蜀文化元素，将传统和现代理念相结合。

学习测评

表 7-1　学习测评表

任务名称				
小组名称				
组长		成员		
时间				
项目讨论情况				
项目开展方案与实施步骤				
任务开展中存在的问题及反思				
成果形式				
完成任务评价（得分）				
任务完成情况分析				
优点				
缺点				
存在问题及解决方式				

模块八 梨园演巴蜀

■ **学习指导**

戏曲是中国特有的一种综合艺术,剧种繁多有趣,它汇集了音乐、文学、舞蹈、武术、杂技、舞美等内容,表演形式载歌载舞,有说有唱,有文有武,集"唱、念、做、打"于一体,通过剧情来塑造人物角色,刻画人物性格,反映现实矛盾,将民间艺术与人文融合在一起,在世界戏剧史上独树一帜,本模块我们将一起走进戏曲的世界。

■ **学习目标**

（1）了解巴蜀地区常见的传统戏剧。
（2）了解巴蜀地区常见的曲艺。
（3）掌握本地区主要戏曲的历史发展过程。
（4）掌握地区戏曲的主要特点和代表性曲目。
（5）能对传统戏曲进行文化创意开发。

案例导读

案例 1：王皮影与法国合拍《消失的影子》

2012年9月，法国导演、L'Equipee戏剧团团长吉贝尔·蔡女士与阆中市王皮影艺术团王彪在阆中会面后，萌发了创作一部由中法两国艺术家联袂演绎、通过王皮影这一独特的民间艺术讲述阆中从古至今历史发展的当代戏剧的想法。吉贝尔·蔡女士于2013年10月到阆中市进行了为期两周的前期创作准备，与他同行的还有一位当代戏剧家、一位木偶剧演员、一位摄影师和一位音效师。吉贝尔·蔡女士与他们收集了创作剧本需要的素材，在此次前期准备中，她更加深入了解了阆中的历史文化和王皮影家族的变迁，通过对阆中历史和重要人物的采访，吉贝尔·蔡女士搜集了大量有关阆中的历史、传说、民间故事和王皮影家族六代历史的资料，《消失的影子》将围绕这些历史资料展开创作。

《消失的影子》的主要剧情是：中国人李颖和法国人奥萝尔这两个年轻的女生居住在巴黎的美丽城。一个跟他们居住在同一栋楼房的中国老人陈春富在坐上即将把他送往医院的救护车之前，把他的房子钥匙交给了李颖保管，并请求得到她的帮助。而两位姑娘在老人居住的房间里找到了一个黑色的笔记本，让她们发现了陈春富的秘密：陈春富于1917年出生在浙江的一个小村庄，是一个贫穷的农民家庭的长子，由于父亲的去世，并且为了保证家庭的生计，他不得不移居国外。为了支付他在法国的行程，他出卖了他的影子。这个缺失使他不得不在法国过着被同胞排挤、与世隔绝的生活，之后他在里昂遇到了来自云南医学专业并且想要保护他的学生，在这个学生的陪伴下，他创作出了一场皮影戏，在很多小酒馆进行演出并取得了成功，这让他可以更好地谋生。1964年，中法外交关系的建立让他回到了祖国，但是物是人非，他不仅被自己家的人视为外国人，更不知道找谁可以买回他已经丢失的影子。他只能又回到法国，过着十分孤独的生活，和他自己创造的皮影相依为命。现在，他请求这两个来医院看望他的女孩去他的家乡做一项调查。因为他收到了一封来自昆明的信，而且这封信上提到了一些可以让他重新找到影子的信息，找到影子他才能安静、完满地离开这个世界。李颖和奥萝尔与一个四川人说明了这个情况，打算去阆中调查并同时会见一个可以帮助她们解决这个问题的皮影演出团。

这个虚拟的故事具有独特的构思和超强的想象力，是剧作家从夏米索的作品《皮特的精彩故事》和生活在法国的华侨故事中获取的灵感。这个演出项目还有两个有趣的部分：一部分是能给观众展现在法国被称为中国王皮影的皮影传统，另一部分可以给观众展现中国皮影戏剧的传统。这个演出将由法国巴黎L'Equipee戏剧团和阆中王皮影艺术团的演员联袂演出。2014年4月，剧团在巴黎进行首次彩排，演出成行之后于2014年6月在中法艺术之春艺术节的框架下在中国巡回演出，国内演出首演地是四川南充和阆中。

【案例解析】

王皮影的国际文化资源开发是非常成功的，与外国大师合作，开发了《消失的影子》这一部话剧，告诉我们非遗的开发要敢于和不同门类、乃至国外的艺术团进行文化合作，不拘泥于形式，大胆地进行跨界文化资源的开发，如木偶皮影的动画化，与西方歌剧、话剧的结合，与其他传统艺术的结合，甚至和其他类型的木偶和皮影进行联动，互相借鉴学习。不要因为种类的不同，觉得有了洋味会不伦不类而望而却步。要敢于打破刻板印象，这也是非遗文化资源国际开发的关键。

案例2：王皮影与时俱进，剧目革新——动感迪斯科、消防皮影

王皮影创新剧目"消防皮影""动感迪斯科"就很好地将现代元素融入皮影的造型、表演中。"消防皮影"是受阆中市消防大队委托，经过三个通宵的精心设计，借用消防实战录像片作为母本，编排的真人实物的五分钟消防皮影。而"动感迪斯科"的灵感来自一个偶然，一天清晨，王彪躺在床上，肚皮上架着正在播放着迪斯科音乐的收音机。突然，仓库门大开，一缕阳光直射房里，

每天上午送早餐的老婆婆一拐一拐地走了进来。皮影迪斯科！王彪终于等来了新的灵感和创意。随后，兄弟俩凭借古今戏目在成都、北京、杭州等地"耍"起了皮影，受到中外游客的欢迎。仅"皮影迪斯科"和"消防皮影"这两项就填补了中国传统皮影戏的空白，最近王氏兄弟又利用传统的技法，在材质工艺上选取柔性、韧性好的牛背皮，进行皮筋脱脂，创作出活龙活现的"皮影喘气法"，再次提升和拓展了传统皮影的现代技法。现今，王皮影还成立了传习所，对外招收学员并免费培训，弘扬非遗文化。

图 8-1　皮影迪斯科

【案例解析】

　　王皮影的现代创新也是一次传统文化资源现代化开发的一次有益探索，消防皮影体现了王皮影寓教于乐的性质，在对皮影的观赏过程中，学到科学、生动有趣的消防知识，是一次公益文化资源的建设。而皮影迪斯科更是用了国际的东西来反映古老的王皮影艺术，是一次成功的文化资源的开发和包装。

　　王皮影的成功让它从单纯的非遗形成了一个文化品牌，以阆中古城为依托，进行了一系列皮影文化资源（包括旅游文化资源）的开发。从王皮影的文化创新中可以得到如下启示：第一，要为打造的品牌建设固定的博物馆和资源库，为其更好地发展打下基础。第二，要突破形式上的局限，用于跨界创新资源开发，比如王皮影与高等教育和基础教育的联动合作。中法合拍展示王皮影与阆中历史的《消失的影子》更是擦出中国文化与法国文化的火花，而王皮影作为一个重要的中国文化部分出现，是一次传统文化与现代文创的融合。王氏兄弟在剧目上也进行了开发，创作出现代化的新剧目，古今结合，并设立免费传习所，推广王皮影，是王皮影对人才资源的开发。第三，王皮影的皮影本身就可以洞察到商机，皮影不仅是用来演的，其皮影本身就是精妙绝伦的艺术衍生品，如果将其设计成代表阆中的品牌 logo，推广出去，将是一个更加成功的文化创意品牌。王皮影还可以依靠阆中古城，进一步打造文化创意旅游综合体。文化创意旅游综合体是旅游业与文化创意产业跨越产业边界集合生成的新型旅游模式，体现了旅游业与文化创意产业的高度融合，以"创意"为内核，旅游产品和旅游服务渗透着人的知识、智慧和灵感，独特的创意是决定其可持续发展的关键。因此我们可以打造以王皮影为主要元素的主题乐园综合体，吸引各个年龄段的游客参观娱乐，打造王皮影品牌。同时，可以在乐园里，售卖王皮影的相关文创产品，促进其衍生文创产品的发展。在新媒体传播方面，也可以大胆使用社交媒体进行王皮影资源的传播与二次开发。

案例 3：川北大木偶与文旅产业：峨眉山上演"圣象峨眉"

《圣象峨眉》是以川北大木偶为表演载体，展现四川独特民俗风情的大型情景音舞诗画旅游文化晚会。

《圣象峨眉》演出场地位于峨眉山市大佛禅院景区象城大剧院内，该剧目由四川省大木偶剧院、成都光大旅行社、四川省康辉旅行社、乐山汉嘉旅游发展有限责任公司，以及四川师范大学联袂打造，该项目投资 8000 多万，剧院面积 3000 多平方米，是峨眉山市豪华的演出场地。

《圣象峨眉》，将峨眉山的自然与文化、传统与艺术巧妙结合，采用音舞诗画与川北大木偶的艺术形式，向中外游客展示了一幅幅秀丽、雄奇且极富文化品位的丹青画卷。让游客在欣赏富有浓郁乡土特色的技艺表演中，品味四川独特的民俗风情，于静逸中再现峨眉山水的秀美绝伦，于淡雅中享受旅游文化带来的乐趣！

图 8-2 大木偶长绸舞

《圣象峨眉》演出是作为世界自然与文化遗产的峨眉山夜间旅游形态的一种新开发,是峨眉山景区的品牌晚会,时间为 90 分钟,由"幻、雅、灵、蜀、刚、梦、禅"七部分组成。

晚会将自然与文化、传统与艺术相结合,采用音舞诗画的艺术形式,向中外游客展示峨眉山水的动人画卷,让游客在欣赏富有浓郁乡土特色的技艺表演中,品味独特的民俗风情。由四川省大木偶剧院等联袂打造的《圣象峨眉》自上演以来,受到了游客的热烈追捧。《圣象峨眉》剧目中的"民俗·蜀"和"蝶舞·梦"两档节目正式入选 2013 年文化部春晚。这是一次川北大木偶商业化的成功实践。

【案例解析】

这是一个以峨眉山风景区为依托和以川北大木偶为主题的旅游资源开发的成功案例,走的是"政府主导+市场机制"的路线。从旅游的角度看,非物质文化遗产是一种重要的旅游资源。文化是旅游资源的核心和灵魂,非物质文化遗产与物质文化遗产共同构成现代旅游业赖以发展的基石,而如何将两者融合起来,成了一个创新的实践课题。而《圣象峨眉》非常成功的一点就是将川北大木偶这个非物质文化遗产成功地嫁接在物质文化遗产（自然文化遗产）——峨眉山上，进行了很好的文化资源开发。此外，游客的旅游动机来源于地域之间的文化差异。对于非物质文化遗产旅游，文化个性越突出，文化多样性色彩更鲜明，旅游产品就越受到游客青睐。峨眉山是武侠世界中的武林圣地和猴子栖息的家园，若将峨眉山的猴子和武术表演运用于川北大木偶的表演中，实现"偶、人、猴"同台竞技，能极大地满足游客对文化多样性和文化地域个性的需求，来自海外游客也能够看到不一样的异域文化。这样的文化开发既达到了经济效益，又达到了社会效益；既传播了中华文化，又提高了国民的文化自信。

案例 4：川北大木偶走向国际

走向国际是川北大木偶文化资源开发的一个重要策略。川北大木偶多次出国交流，在国际上获得了不错的口碑。

2011 年，川北大木偶首次赴西班牙参加国际艺术节，长期表演节目长绸舞、木偶书艺和木偶变脸吐火，随团在该国 8 个城市进行了为期 20 天的演出，深受当地观众的喜爱。将长绸舞、书法、变脸等传统艺术嫁接到木偶上是一个不错的实践。

同年，川北大木偶赴智利-圣地亚哥演出。艺术团抵达智利首都圣地亚哥当天，就受到了中国驻智利大使吕凡的接见，中国驻智利大使馆网站、智利国家电视台、国家电台等媒体，均对艺术团之行进行了报道。在圣地亚哥的大街上，也能看到艺术团表演的大幅广告牌。中宣部对此次国际交流十分重视。

圣地亚哥国际艺术节组委会全体人员和剧组人员在圣地亚哥为中国代表团举办了盛大的酒会，以庆贺此次演出的圆满成功。最后一场演出是在圣地亚哥体育中心，观众达到 8000 人次，场面火爆，每一个节目演毕，观众们都站起来报以热烈的掌声，以至于谢幕长达 10 分钟之久。

"大木偶和川北灯戏，不仅是在中国艺苑中具有唯一性，在世界文艺的舞台上也是不可替代的。"艺术节组委会及当地观众如是评价说。艺术团深入圣地亚哥各个城区，将《红绸舞》《书艺》《五彩云霞》《花伞舞》《变脸》《皮金滚灯》《力量》《柔术》《爵士礼帽》《球技》10个精品节目奉献给观众，共表演7场，观众达6万多人次。

图8-3 川北大木偶在21届国际木偶艺术节开幕式上的风采

在21届国际木偶节的开幕式上，四川省大木偶剧院为本届木偶节特地创作的川北大木偶剧目《彩蝶的神话》闪亮登场。舞台上，一群长袖姑娘挥舞着长绸翩翩起舞。一人一偶，摇曳生姿、顾盼生情，将"梁祝"动人的爱情传说和四川特有的大木偶艺术演绎得十分精彩。此次演出将家喻户晓的故事融入川北大木偶，是一次成功的文化和艺术资源的开发和创新。

2018年2月25日晚，韩国平昌冬奥会闭幕式上，由张艺谋导演的"北京8分钟"正式上演。四川省（南充）大木偶剧院制作的"熊猫队长"作为主角登上舞台，在冰屏上穿梭、与智能机器人共舞、游弋于互联网隧道，并向全世界发出了来自中国的邀请。中央电视台解说员张斌对此进行了专题解说："熊猫的创意来自中国四川大木偶，是四川大熊猫故乡为我们献上的中国影像，参与道具制作的是四川省（南充）大木偶剧院，是中国国家级非物质文化遗产川北大木偶的唯一传承单位。"

图 8-4　北京八分钟与熊猫队长

　　川北大木偶，是世界唯一的大木偶艺术，被誉为"世界罕见的木偶艺术，中国民间艺术的冠冕"，拥有 300 多年历史。韩国平昌冬奥会上亮相的两只"熊猫队长"，高 2.45 米，重 20 斤左右，是迄今全世界体积最大的木偶，由四川省（南充）大木偶剧院耗时半年，数百次修改创作而成。历经 300 余年蜕变的川北大木偶，由此进入全球视野。

　　2017 年 6 月，在南充举办的一场活动上，大木偶的演出吸引了评委张树荣的关注，筹备平昌冬奥会闭幕式"北京 8 分钟"期间，他将表演视频发给了导演组。9 月，四川省（南充）大木偶剧院院长唐国良带着团队主要成员前往北京，与张艺谋导演见面沟通。最终，用川北大木偶独有的传统工艺制作的"熊猫队长"，灵活生动、精巧细腻、表演自如，实现了传统工艺与现代科技的完美融合，为四川和南充赢得了机会。

　　内行看门道。和木偶打了一辈子交道的国际木偶联合会中国中心主席李延年对"熊猫队长"竖起了大拇指。"听说川北大木偶要登上冬奥会舞台，整个木偶界都非常关注。'北京 8 分钟'表演中，'熊猫队长'一出现，我惊艳了、流泪了。"李延年说，"从来没想过大木偶能在世界级的舞台上绽放光彩。"

　　李延年的话引发共鸣。"木偶戏已属于文化遗产，而现在的孩子们更喜欢动漫、电子游戏等，市场不断萎缩。"张树荣认为，"熊猫队长"的出现对整个非遗保护都是一种启示，"那就是不能躺在老本上说发展，必须结合新技术创新发展。"

热闹背后，四川省（南充）大木偶剧院也清晰规划了"熊猫队长"的未来。"首先就是考虑'熊猫队长'如何与更多的观众见面，通过它们让更多人了解川北大木偶。其次要有传承人，我们在和南充的学校合作培养更多表演者和制作者。最后就是推进传统文化与当地旅游结合，让传统文化焕发出新的生命力。"

【案例解析】

通过上面的案例，我们可以看出川北大木偶在进行文化资源国际开发时，有一套较为成熟的国际交流和合作机制，有出国交流访问的传播方式，有举办艺术节的传播模式，也有在国际赛事中崭露头角的传播模式，这些都得益于国家对非遗艺术于国家和民族软实力提高的重要作用的洞察以及国家对民族非遗的国际文化交流与合作的强烈重视，所以我们应该明白：政府在非遗的文创开发中有着不可或缺的作用，特别是在中国当前非遗行业不够完善的情况下，政府更是起了引导的作用，没有政府的支持，中国非遗走向国际之路必定会出现更多的困难，对非遗资源的保护（如传承人、文化场所、产品等）也会出现很大的问题。在国际交流与保护方面，中国政府无疑是做得非常好的。这让我们在非物质文化遗产的开发和保护中开始思考如何发挥政府职能。

■ 案例思考

（1）将王皮影与其他皮影种类进行对比分析，说明其独特之处。

（2）根据川北大木偶当前的文化产业链现状，对其文化产业链的进一步发展构建提出你的观点。

（3）除去案例中提到的皮影戏和木偶戏，你还知道哪些戏曲的种类？

■ 知识讲解

巴蜀地区戏曲艺术自古繁荣。唐代是巴蜀戏曲艺术盛行的时期，制琴业在这一时期也得到长足发展。彼时巴蜀斫琴技艺精湛，蜀派琴曲独具一格，享有盛名。据说隋代蜀王杨秀镇蜀时，曾经"造千面琴，散在人间"（黄修复《茅亭客话》卷 10《黄处士》)。

明末清初，由于各地移民入川，以及各地会馆的先后建立，致使多种南北声腔剧种也相继流播四川各地，并且在长期的发展衍变中，与巴蜀方言土语、民风民俗、民间音乐、舞蹈、说唱曲艺、民歌小调融合，逐渐形成具有四川特色的声腔艺术，从而促进了巴蜀地方戏曲剧种——川剧的发展。

1963 年，成都市郫县宋家林一处东汉砖室墓出土了一件立式说唱俑。它通高 66.5 厘米，灰陶，捏塑，因年代久远，原有彩绘已然模糊，但击鼓说唱的造型却惟妙惟肖。这件现存于四川博物院的说唱俑，因体量巨大、造型生动，成为博物院的"网红"文物。东汉说唱俑用他那龇牙咧嘴的表情、手舞足蹈的动作，凝固了表演场上的精彩一刻，也再现了当时成都人丰富的娱乐生活。

现如今，巴蜀地区戏曲川剧、皮影戏、木偶戏、四川评书、四川清音、四川竹琴、金钱板等众多戏曲种类以其精湛的演技和妙趣横生的乡土语言色彩，纵横巴蜀梨园，成为艺术舞台上的亮丽奇葩。

一、传统戏剧

（一）川剧

川剧是迄今为止最能体现巴蜀文化特质、最能展现巴蜀人精神风貌的一颗梨园明珠，是在巴山蜀水的土壤中形成和发展的地方剧种，大约形成于清代康熙、雍正年间，是中国西南地区影响最大、流传最广的地方剧种。2006 年 5 月 20 日，川剧经国务院批准列入第一批国家级非物质文化遗产名录。川剧拥有昆腔、高腔、胡琴、弹戏和灯调五种声腔，各有艺术特色，构成川剧五光十色、绚丽多姿的艺术风采。这五种声腔中，尤以曲牌体的高腔音乐最具创造性，其帮、打、唱相结合的结构形态，在戏剧与音乐的结合上达到了前所未有的高度，是我国戏曲高腔音乐发展的杰出代表。川剧剧目繁多，据不完全统计，截至 1998 年收录进《川剧剧目辞典》的川剧剧目近六千个，至今仍有据可查的传统剧目近四千个，有"唐三千，宋八百，数不完的三列国"之说。川剧语言生动活泼，充满鲜明的巴蜀地域色彩，富含浓厚的乡土气息。

图 8-5　川剧《白蛇传》剧照

川剧脸谱从构图上大致可分为：整脸，即在面部整体以对称的构图勾画脸谱；块脸，包括霸二脸、三块瓦、猪腰子；非对称脸；斜脸，脸谱色彩灵活随意，但遵守约定俗成的规范，既能装饰角色造型，也能喻示忠良奸邪。如绿色代表强悍勇猛，性格乖戾，描绘的多数为绿林豪杰；黄色代表老实忠厚，川剧中纯黄色脸谱较少，多为勾黄色；金色代表精怪、神仙等；黑色代表刚正率直，铁面无私，如张飞、李逵、包拯等；红色代表正直忠勇，武猛刚烈，如关公、姜维等；白色代表奸诈虚伪、刚愎自用，如曹操等。变脸是川剧表演的特技之一，变脸的手法主要有吹脸、扯脸、抹脸、运气变脸等。除了变脸外，川剧还有不少绝技，如托举、开慧眼、钻火圈、藏刀、喷火、滚灯、打叉等。

图 8-6　川剧小丑

图 8-7　川剧——吐火

（二）梁山灯戏

灯戏不仅是巴蜀地区极富地方特色的民间小戏，而且是川剧的重要声腔之一。梁山灯戏，在声腔、乐器、表演形式等方面都有自己独特的艺术风格。表演特点为"嬉笑闹"与"扭拽跳"。唱腔由"胖筒筒·灯弦腔""神歌·高腔""小调·时曲"三类组成，灯弦腔比较独特，系梁平特产。乐器主要为二胡、笛子、唢呐、锣鼓等民间乐器。它具有农民口头文学的风采，融合民歌、薅秧歌的音律，融合花灯、车车灯的舞姿和民间杂耍的技巧，是表现巴渝民间风情的综合艺术。其剧目相当丰富，总数在两百种以上，最具代表性的有《吃糠剪发》《送京娘》《湘子度妻》《请长年》等，这些剧目大都改编自民间戏曲或民间故事。灯戏表演采用四川方言，唱词通俗自然，生动活泼，极富生活气息。

(三)木偶戏(川北大木偶戏)

木偶艺术精美绝伦,令人叹为观止。川北大木偶是四川省的传统戏剧,具有强烈的国际国内影响,为世界稀有的木偶剧种。其偶身高大,大偶长约1.4米,重约5公斤,酷似真人,五官灵动,四肢灵活,表情丰富。依剧情要求,表演时能取物握物,穿衣解衣,戴帽脱帽,穿靴脱靴,吹火点蜡,拂袖掸尘,变脸下腰,神乎其技,能基本完成人所能完成的一切动作,还能完成人所不能完成的一些其他动作。被苏联世界著名木偶艺术家奥布拉兹佐夫誉为"世界上罕见的木偶艺术,是中华民族艺术的冠冕"。

(四)皮影戏

四川皮影又叫"灯影戏",是四川地区的汉族传统表演艺术形式,它大多具有汉魏石刻简约纯朴的古韵。影人动作夸张,动态滑稽,性格鲜明。其中最著名的当属成都皮影,它是我国戏剧化程度最高、最成熟的皮影戏流派,在全国独树一帜,被外国人誉为"最复杂的皮影"。成都皮影按影人照尺寸大小,可分为"大皮影"和"中皮影"两种,大皮影身高六十至七十厘米,中皮影身高二十至三十厘米,比北方皮影人高出近一倍。在表演技艺上,成都皮影跟川剧也有很大联系,更具观赏性和地方特色。

(五)康巴藏戏

藏戏是藏民族艺苑中的奇花,它融民间歌舞、音乐、说唱和寺庙宗教音乐艺术为一体,是一种多艺术因素的综合性艺术。藏戏是一个比较古老的剧种,藏语称为"阿吉拉姆"。公元17世纪,藏戏已经发展成熟,各剧种、流派形成。每年藏历八月"雪顿节"期间,各派藏戏团竞相献艺。在卫藏深造的康区僧人,学习藏戏,收集剧本,返回本地后,在其所属寺庙组织藏戏演出。由于康区地处高山峡谷,地形复杂,各地存在语言差异,加之风土人情各异,在移植过程中,僧人根据当地传统习俗和语言特点,融入本地特色进行了再创作,形成了丰富多彩的康巴藏戏。藏戏传入康区后逐渐与当地的康巴歌舞、说唱、曲艺等传统民间艺术融合发展,在音乐、唱腔上,受方言语音、民间音乐、宗教音乐等方面的影响，风格上已和西藏藏戏有了一定差异，形成了康巴藏戏的独有风格。2008 年，德格格萨尔藏戏、巴塘藏戏、色达藏戏成功入选国家级非物质文化遗产名录。

（六）阳戏（酉阳土家面具阳戏）

酉阳土家面具阳戏，又名脸壳戏，是一种集祭祀礼仪与戏剧艺术于一体的宗教色彩浓厚的民间戏剧，广泛流传于重庆市酉阳土家族苗族自治县，被称为酉阳的"文化地理标志"。其声腔、曲牌、演出形式和风格都十分独特，不同于邻近区县的阳戏，保持了本身质朴的特性与源流。据传，酉阳面具阳戏，可追溯到殷商时期，距今已经有 3000 多年的历史，它源于原始社会土家族图腾崇拜的傩祭，是土家先民为驱鬼逐疫举行的一种祭祀仪式。特点是除旦角外，生、净、丑角都用白布包裹面部，斜戴木质面具，主要通过肢体语言和念唱对白塑造人物、演绎剧情。木脸面具都是当地木匠就地取材雕刻而成，一般用柳木、白杨木制作。在面具造型上，注重人物性格的刻画，做工精致，表情夸张，正神正直善良，其他面具则威武、凶悍、怪异，眼球突出，龇牙咧嘴，眉毛上扬，使人感到一种神秘的威力和粗犷的美。阳戏演出的主要剧目有《大孝记》《蟒蛇记》《恩哥记》《征东》《征西》《薛刚反唐》《唐王落难》《穆桂英》等，其唱腔曲牌有皇生腔、丞相腔、元帅腔、小生腔、小旦腔、老腔、大王腔、书童腔等。

（七）羌族释比戏

释比戏，是羌族的民间戏剧剧种，羌语叫"刺喇"或"俞哦"，它集祭祀礼仪与戏剧表演于一体，在祭神或婚丧嫁娶等活动中进行表演，因均由巫师释比主持并扮演，故称为释比戏。主要流传于阿坝藏族羌族自治州的茂县、汶川和绵阳市北川县等羌族地区。它分上坛戏、中坛戏和下坛戏。上坛戏叙说神事，一般在集体活动时演唱；中坛戏反映的是人事，一般为保佑平安吉祥，人畜兴旺，五谷丰登；下坛戏则叙说鬼事，是释比表演如何施展法术驱逐鬼邪的戏。

除此之外，巴蜀地区还有川北灯戏、射箭提阳戏、旺苍端公戏等国家级非物质文化遗产传统戏剧项目。

二、曲艺

四川曲艺是以四川民间说唱艺术为基础发展起来的,其起源可追溯到汉代以前。汉代说唱俑见证了汉代四川说唱艺术的发达。唐宋时期,四川民间说唱艺术更盛,且文化性更强。宋朝人岳珂就说:"蜀伶多能文,徘优率杂以经史。"清代的《锦城竹枝词》记载了当时成都曲艺发展盛况:"清唱、洋琴赛出名,新年杂耍遍蓉城。淮书一阵'莲花落',都爱廖儿《哭五更》"。晚清时期,成都最受群众欢迎的文艺演出活动,除川剧外,要数民间说唱艺术最为兴盛,种类繁多,各具特色,有评书、洋琴、道琴、清音、车灯、花鼓、莲花落、皮影、木偶、围鼓、相书等数十种。民国时期,成都出现了专门的曲艺书场。20世纪30、40年代,成都曲艺界涌现了李德才的扬琴、贾树三的竹琴、曾炳坤的相书和李月秋的清音等,其被誉为四川曲艺界的"四绝"。除此之外,还有众多巴蜀曲艺曲种,用特有的艺术形式,展现巴蜀大地梨园风采。

(一)四川扬琴

四川扬琴,是四川曲艺说唱艺术代表性曲种之一,主要流行于成都、重庆、泸州、自贡等城市和地区,约形成于清乾嘉年间。因演唱时主要以扬琴为伴奏乐器而得名,素有"坐地传情"之称。四川扬琴吸收了川剧和清音之长,通过唱和道白,将叙事、抒情与戏剧融为一体,有层次地表现戏剧情节。四川扬琴的唱腔优美,韵味浓郁,被誉为"清雅香醇的兰花"。扬琴的演奏长于烘托气氛,能打出风雨雷电、波翻浪卷等多种音乐形象,表现力很强。伴奏以扬琴为主乐器,与京胡、三弦一起称为"三大件",又与碗碗琴、鼓板合称为"五方"。此外,伴奏乐器还有二胡、怀鼓等,也可根据剧情需要酌加笛子、高胡、阮、大提琴等。

(二)四川竹琴

四川竹琴是中国曲艺界的一朵奇葩,是巴蜀地区人民群众喜闻乐见的曲艺表演形式。因采用竹制的竹筒和简板为主要伴奏乐器而得名,民间又称为"打道筒""唱道筒""打尺乓乓"。它源于道观音乐,曾在唐代宫廷盛行一时。清代嘉庆元年（1796年）以后，竹琴艺术开始流行民间，说唱者日渐增多。表演时人数可多可少，道具是一把竹琴、一副简板。将竹琴揽入怀中，简板握于左手，右手敲打琴口肠皮，边敲边打边唱，或站或走。2008年，四川竹琴被列为第二批国家级非物质文化遗产曲艺类名录。

（三）四川清音

四川清音原名"唱小曲""唱小调"，因演唱时多用月琴或琵琶伴奏，又叫"唱月琴""唱琵琶"，是流行于巴蜀地区的曲艺音乐品种之一。四川清音用四川方言演唱，具有浓郁地方风味，被誉为"东方歌剧"。曲调丰富，唱腔优美，有八个大调、一百余支小调，两百多支唱段。四川清音的伴奏乐器为琵琶、竹鼓、檀板等。四川清音有三种典型的衬腔：一是"哈哈腔"，演唱时由喉头的"大舌头"和"小舌头"相互撞击而产生，听的时候可谓"大珠小珠落玉盘"；二是"弹舌音"，就是弹动舌尖发出"嘚儿"的声音，是很有特色的发音方式；三是唱腔的垫字和垫词，如"哎呵""哟呵"等。2008年6月，四川清音经国务院批准列入第二批国家级非物质文化遗产名录。

（四）车灯

四川车灯是一人或多人载歌载舞说唱故事的曲艺，是在四川省民间的"车灯调"基础上创造的。一般在巴蜀地区逢年过节和庙会时演出助兴，它具有浓厚的乡土气息，有很强的生命力。一人扮幺妹坐于彩船上，另一人手执彩扇在船旁边歌边舞。车灯唱词全为韵文，以七字句为主。每段长度依内容而定。每段末句乐队与演员一齐帮腔，是该曲种的特色之一。在演唱时用载歌载舞的形式，配以舞蹈动作，给人以美的享受。唱腔旋律高亢激越，活泼欢快，易学易唱，流传十分广泛。2008年6月，车灯经国务院批准列入第二批国家级非物质文化遗产名录。

（五）金钱板

金钱板是巴蜀地区民间传统说唱曲艺之一，它形成于清代道光年间，至今已有近两百年的历史。表演者手持长约一尺、宽约一寸的三块楠竹板进行表演。

其中两块还嵌有铜钱或其他金属片，表演时竹板互击，能发出金属般的声音，习称"金钱板"，也称"三才板"。表演者边敲边打，边说边唱，边唱边演。唱词为七字句或十字句，也可根据内容需要适当伸缩，两句一联。金钱板可以打出风云雷雨等九种不同的节奏和音响。

（六）四川评书

四川评书又称白话演说、评话，是巴蜀地区传统曲艺剧种之一。流行于巴蜀各地及云、贵部分地区。表演者用四川方言夹议地讲说故事，道具仅一张桌、一把折扇、一方醒木。四川评书历史悠久，人才辈出，以具有四川地方语言特色而见称。由于书路和表现手法不同，有"清棚"和"雷棚"之分。清棚以说烟粉、传奇之类的风情故事为主，重在文说，讲究谈吐风雅，以情动人；雷棚以讲史和金戈铁马一类的书目为主，重在武讲，讲究摹拟形容。金鼓号炮、马嘶虎啸，都通过艺人之口来表达，使听众如临其境，如闻其声。雷棚艺人中还有专长于朴刀杆棒之类的武侠书。此外，还有熔"清棚""雷棚"于一炉，文武兼备的一派，书路宽广，并编演了一些表现近代、现代生活的书目。

李伯清开创了"散打评书"，他的说书形式不拘一格，内容丰富多彩，以摆龙门阵、吹牛皮等方式，东拉西扯，以不正经话评正经事，用他对社会动态的敏锐观察和带有批判精神的生动剖析，让西南人骨子里的幽默大众化、平民化，非常贴近市民生活。2011年5月，四川评书经国务院批准入选第三批国家级非物质文化遗产名录。

（七）说春

"说春"是一种节令说唱习俗，有长达三四千年的历史，最早起源于商代武丁时期迎四方神的习俗，随后它逐渐演变成一种民间春倌在民居堂屋大门口进行的节令说唱活动。"说春"的目的是报春送喜，"说春人"被称为春倌，春倌一般从农历十月小阳春后开始走乡串村，到次年春分的时候结束，而春节前后则是"说春"的高峰期。说春主要流传于川东北米仓山南坡、巴中阴灵山一带以及南江县朱公、黑滩两乡镇。说春时，春倌带着春牛（小木雕）、历贴（历书）、二九（装粮食的褡裢口袋）、十三把（孝春棒）走乡串户，为农民报送耕种季节。说春歌谣完全来自民间口头文学的顺口溜，包含的内容有民间习俗、生产劳动、人民生活等方方面面。不少内容还包含了诸多文化的交流，以及一些生产劳动习俗的由来，具有重要的民俗研究价值，是群众文化活动的标本艺术。"说春"规矩很多，进院坝、进中堂，每到一处有不同的唱段，"见啥说啥，见什么人唱什么歌"。若房主为耕种庄稼的农民就说《二十四节气春》；若房主行医就说《医生春》；进铁匠的家就说《大炉春》；见老太婆纺线，见人织布就说《纺线春》《织布春》。七十二行，行行有歌。说完吉祥话，春倌会给主人送上春帖（皇历）。主人会赠予礼钱，礼钱没有定数，没钱舀两碗谷子、玉米都可以。结束时，春倌为表示感谢会说《道谢春》。说春采用的是五声音乐曲调，唱腔固定，反复进行。传统唱词一般都比较高雅，艺术色彩较浓。说春被列入四川省第二批非物质文化遗产名录。

■ 项目实训

一、设计王皮影的 logo 或特色元素服装

从王皮影家族的创始人王文坤开始，王皮影的发展经历了漫长的过程，从萌芽到"文化大革命"时被打压再到改革开放的全盛时期，后由于现代科技和西方文化的流行而走向衰落，再因传承人王彪王访的改革创新而走向复兴，可以说王皮影的命运经历了起起落落，但王皮影家族传承人没有自暴自弃，而是想着怎么顺应时代的潮流发展下去。其发展历程可以说是一部精神史诗。那么如何将王皮影的精神文化内涵通过视觉传递出来，让社会大众了解呢？为他设计一个 logo 或特色元素服装无疑是一个很好的选择。

1. Logo 设计要求

（1）体现王皮影的发展精神。

（2）写出设计方案。

2. 步骤

（1）深入了解王皮影的发展历史及精神。

（2）确定立意，开始构思。

（3）借鉴其他种类皮影的成功案例。

（4）创作阶段：开始写作。

二、创作改编《牛郎织女》川北大木偶剧本

川北大木偶经典剧目《彩蝶的神话》改编自经典民间传说故事《梁山伯与祝英台》，通过大木偶化的表演形式，重现了这个凄美动人的爱情经典神话。《丝路驼铃》作为川北大木偶的创新剧目，通过展现中国公主奔赴罗马进行交流在路上遇到的困难、与异国友人的友谊及团结精神等一系列事件，表现了当今习近平总书记所倡导的"一带一路"精神和命运共同体的思想，并且在表演上融合了武打元素。《龙门传说》则是通过川北大木偶的形式表现发源地南充龙门镇的鲤鱼跃龙门的故事传说，通过表现人、鱼两个种族之间的友情与拼搏奋斗互助精神，来传达中国梦的精髓所在，告诉人们不管你是什么阶层，幸福是奋斗出来的！川北大木偶无论是改编经典还是与时俱进、响应习近平总书记的倡议，都以它勇于创新的精神创作出了一部又一部的经典。请同学们欣赏这三部经典剧目后，借鉴其优点，创作改编《牛郎织女》的川北大木偶剧本。

1. 要求

改编要体现与时俱进的精神。

2. 过程

（1）预备阶段：欣赏《彩蝶的神话》《丝路驼铃》《龙门传说》，触发灵感。

（2）准备阶段，查阅《牛郎织女》的原版故事，并欣赏由其改编各种戏剧（如昆曲、川剧、京剧等）。

（3）构思阶段：列出故事创作提纲。

（4）创作阶段：开始写作。

（5）修改阶段：完成终稿。

学习测评

表 8-1　学习测评表

任务名称				
小组名称				
组长			成员	
时间				
项目讨论情况				
项目开展方案与实施步骤				
任务开展中存在的问题及反思				
成果形式				
完成任务评价（得分）				
任务完成情况分析				
优点				
缺点				
存在问题及解决方式				

参考文献

[1] 扬雄. 蜀王本纪[M]//严可均. 全汉文. 北京：中华书局，1958.

[2] 李白. 李太白文集[M]. 成都：巴蜀书社，1986.

[3] 常璩. 华阳国志[M]. 唐春生，译注. 重庆：重庆出版社，2008.

[4] 徐中舒. 论巴蜀文化[M]. 成都：四川人民出版社，1981.

[5] 李贤等. 大明一统志[M]. 西安：三秦出版社，1990.

[6] 曹学佺. 蜀中名胜记[M]. 重庆：重庆出版社，1984.

[7] 陈寿. 三国志[M]. 裴松之，注. 北京：中华书局，1959.

[8] 严志斌，洪梅. 巴蜀符号集成[M]. 北京：科学出版社，2019.

[9] 高文，高成刚. 巴蜀铜印[M]. 上海：上海书店出版社，1998.

[10] 四川省博物院. 巴蜀青铜器[M]. 成都：成都出版社，1990.

[11] 童恩正. 古代的巴蜀[M]. 重庆：重庆出版社，1998.

[12] 顾颉刚.《蜀王本纪》与《华阳国志》所记蜀国史事[J]. 中国史学，1994.

[13] 施劲松. 考古背景中的巴蜀符号[J]. 四川文物，2020（3）.

[14] 洪梅. 宣汉罗家坝墓地出土巴蜀符号探析[J]. 中国国家博物馆馆刊，2019（4）.

[15] 郭明，高大伦. 考古学视角下的巴蜀印章研究[J]. 四川文物，2018（1）.

[16] 段渝. 巴蜀古代文明的时空框架[J]. 文史杂志，2000（6）.

[17] 黄剑华. 扬雄《蜀王本纪》与古蜀传说探析[J]. 地方文化研究，2020（2）.

[18] 李伯谦. 三星堆遗址：新发现、新成果、新认识[J]. 黄河·黄土·黄种人，2016.